実務家のための

労働判例
用語解説

弁護士 八代徹也 著

経営書院

まえがき

　この本は、「労働判例」（労判）誌上に、平成13年1月から足掛け5年にわたり、「八代徹也のワンポイント判例用語」として連載されたものに修正を加えてまとめたものです。
　この連載は、法曹関係者ではない一般の方が労働判例を見たときに、その中で当然のこととして使われている用語のうち、分かりにくい用語や誤解しやすい用語、あるいは読者から問い合せがあった用語について簡単に説明し、かつ判例をもとに実務の個別事例の判断基準なども示していこうという趣旨ではじめられたものです。今回、産労総合研究所出版部経営書院さんから、労判セレクションの一つとしてまとめてみませんかとのお話があり、1冊の本となりました。1回1回が独立した用語解説となっており、気楽に必要な箇所のみを読むということで十分だろうと思います。
　本書は、労判セレクションの「実務家のための労働判例の読み方・使い方」と同様、法曹関係者ではなく、仕事などで労働判例に当たらなければならないという方々を対象にしたもので、「実務家のための労働判例の読み方・使い方」の続編ないし補足という性格を有するものになります。
　法律家でない一般の方が本書を読んで少しでも参考になったと思っていただければ幸いです。また、経営書院さんにはお世話になりました。御礼を申し上げます。
　平成22年8月

　　　　　　　　　　　　　　　　　　　　　　弁護士　八代徹也

※なお，本文中の実名等は判例雑誌等に掲載されたものを原則としてそのまま引用したもので，何ら特段の意図はありません。引用された当事者の方々にはその点，ご理解ご容赦願います。

目　次

まえがき
第1章　労働契約 … 6
第1節　「雇用」「派遣」「請負」… 6
第2節　「労働契約の成立」「内定」「試用期間」… 11
第3節　「内定の取消し」と「入社前の研修」… 15
第4節　「債務の本旨に従った履行」… 20
第2章　就業規則・労働条件 … 26
第1節　「異議留保付き承諾」… 26
第2節　「労使慣行」「事実たる慣習」… 31
第3節　「違約金の禁止」… 36
第3章　賃金・退職金 … 41
第1節　「仮払金の金額・期間」「賃金と賃金相当額」… 41
第2節　「解雇期間中の賃金」「中間収入の控除」… 46
第4章　定年・解雇 … 51
第1節　「合意解約の無効，取消し」… 51
第2節　「解雇」「雇止め」… 56
第3節　「解雇予告手当」「解雇予告除外認定」… 60
第4節　「意思表示の到達」「効力発生」… 65
第5節　「定年」「継続雇用制度」… 70
第5章　労働災害・メンタルヘルス … 75
第1節　「職場環境配慮義務」… 75
第2節　「債務不履行と過失相殺」「損害の公平分担」… 80

目　次

　　第3節　「条件関係」「相当因果関係」「予見可能性」………85
　　第4節　「逸失利益」……………………………………………89
第6章　服務規律・懲戒……………………………………………95
　　第1節　「従業員の加害行為」と「会社からの
　　　　　　損害賠償請求」…………………………………………95
　　第2節　「履行補助者の過失」と「求償」……………………100
第7章　人事…………………………………………………………105
　　第1節　「配転」「出向」「転籍」……………………………105
　　第2節　「出向」「転籍」（続）………………………………109
第8章　労働組合……………………………………………………115
　　第1節　「有名契約」「無名契約」……………………………115
第9章　不当労働行為………………………………………………121
　　第1節　「不法行為」「不当労働行為」………………………121
　　第2節　「企業の解散」「偽装解散」と不当労働行為………126
　　第3節　「法人格の同一」「法人格の濫用」…………………130
第10章　労働訴訟……………………………………………………136
　　第1節　「確認の訴え」「確認の利益」………………………136
　　第2節　「遅延損害金」「利息」「付加金」…………………141
　　第3節　「通達」と司法上の判断………………………………146
第11章　労働法と他の法律…………………………………………152
　　第1節　「特許法35条と労働法」………………………………152
第12章　その他訴訟法上の用語……………………………………157
　　第1節　「訴訟行為」「実体法上の行為」……………………157
　　第2節　「口頭弁論期日」「攻撃防御方法」…………………161
　　第3節　「主張立証責任」「抗弁」「主要事実」……………166
　　第4節　「当事者尋問」「証人尋問」「不出頭の効果」……171
　　第5節　「鑑定書」「意見書」…………………………………175

目　次

第 6 節　「和　解」…………………………………… *180*
第 7 節　「差止請求」………………………………… *185*
第 8 節　「差止請求」（続）………………………… *190*
第 9 節　「棄却」「附帯上告」「却下」「上告受理申立」…… *194*
第10節　「訴訟費用」「弁護士費用」「損害賠償と
　　　　弁護士費用」…………………………………… *199*
第11節　「仮執行宣言」「その失効，原状回復」…… *204*
第12節　「抗告」「許可抗告」………………………… *208*
第13節　「最高裁判決での破棄・差戻し」「意見」
　　　　「反対意見」…………………………………… *214*
第13章　その他実体法上の用語……………………… *219*
第 1 節　「公序良俗」「信義則」……………………… *219*
第 2 節　「事情変更の法理」…………………………… *224*
第 3 節　「努力義務規定と私法上の効力」………… *229*
第 4 節　「時効」「時効による権利の消滅」「時効の中断」
　　　　「除斥期間」…………………………………… *233*
第 5 節　「不当利得と返還請求」……………………… *239*
第 6 節　「名誉毀損」「不法行為責任」……………… *243*
第 7 節　「懲罰的損害賠償」…………………………… *248*

第1章
労働契約

第1節 「雇用」「派遣」「請負」

1 テーマ

 M製作所（労働安全衛生法違反被告）事件（東京高判平成14.3.22，一審＝千葉簡判平成13.4.13，労判835号80頁・86頁）では，労働安全衛生法違反で有罪とした一審判決を取り消して無罪としたわけですが，争点自体は，被告人会社が労働安全衛生法上の事業者に当たるかどうか，それに該当したとして現場開口部が労働安全衛生法にいう通路に当たるかどうかということです。

 ここでは，その内容についてではなく，労働者派遣契約と労働契約の違い，請負契約等との違いについて考えてみます。

 同判決は，「労働者派遣契約に基づき，E鉄工建設が被告人会社に対し労働者を派遣していたと認められる。そうすると，結局，被告人会社は，E鉄工建設から派遣されていたAら労働者を使用する事業者とみなされる」と判断していますが，この判示部分は，労働契約と労働者派遣契約は異なること，労働者派遣契約と請負契約も異なることが前提になっています。

 なぜなら，労働契約であれば労働者を使用する事業者であることは当然で，一方，請負契約であれば，本件のような罰則が課される

ことはないわけで、労働者派遣契約であるかどうかを確定することは重要な前提事実なのです。

2 労働契約とは

労働契約は一番イメージしやすいでしょう。労働者が会社に入社したというように、ごく一般的に見られる契約です。

民法上は「雇用」という用語を使っており使用者の指揮命令下で労務に服することを約束する契約を雇用契約といいます。

一方、労働法の世界では労働契約という言葉を用いています。雇用契約と労働契約は異なるのかという問題には深入りはしませんが、ほぼ同じものとして考えてよいでしょう。労働契約は、事業主（使用者）と労働者の間で締結され、指揮命令に従った労務の提供を労働者が行い、それに対して使用者が賃金を支払うというものです。

したがって、労働者は労働契約の趣旨に従った労務の提供義務を負い、使用者はその対価として定められた賃金を支払う義務を負うということになります。

使用者が有する指揮命令の権限は労務指揮権・業務命令権と呼ばれています。

以上の説明から分かるとおり、いわゆる正社員（期限の定めのない労働契約）であれ、パートタイマーやアルバイト・契約社員といっ

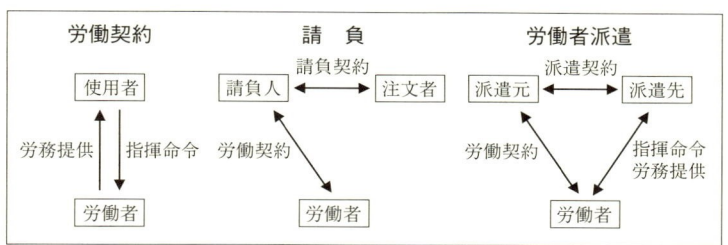

たような有期契約社員（期限の定めのある労働契約）であれ，このような構造は同様で，いずれも労働契約なのです。

3 労働者派遣とは

労働者派遣は，昭和60年のいわゆる労働者派遣法の制定と職業安定法の改正によって許容されることとなった概念です。

労働者派遣は，「自己の雇用する労働者を，当該雇用関係の下に，かつ，他人の指揮命令を受けて，当該他人のために労働に従事させる」ことです（労働者派遣法2条）。

ちょっと難しい定義ですが，簡単にいえば，労働契約では指揮命令関係と労務提供関係は当事者が一致していました（使用者が労働者に対して指揮命令し，労働者が使用者に対して労務を提供する）が，労働者派遣では一致しないことになります。つまり，労働者は派遣元会社と労働契約を締結していますが，労務を提供するのは派遣元会社ではなく，派遣先の会社であり，指揮命令をするのも派遣先の会社です。

このような労働者派遣の対象となる労働者を派遣労働者と呼び，労働者派遣は労働者を他人（他会社）に供給するという面を有します。

指揮命令関係（労務提供関係）と賃金支払関係とが分離することになりますので，労働契約とは異なり，一方，自己の雇用する労働者を他人のために労働させるという点では請負と似てくることになります。

4 請負とは

請負は，当事者の一方が仕事の完成を約束し，相手方がその仕事の結果に対して報酬を与えることを約束する契約です（民法632条）。

したがって、請負の特徴は仕事の完成を目的としていることで、いくら請負人が労務を提供したといっても成果が発生しなければ債務を履行したことにはなりませんし、報酬請求権も生じません。この点で労務の提供（やさしい言葉でいえば指示命令された仕事をこなすこと）それ自体が目的である雇用契約（労働契約）とは異なります。請負の場合は仕事の完成が目的ですから、請負人が仕事を行わず（あるいは一部しか行わず）他の人にやらせても仕事が完成さえすれば、債務は履行されたことになるのが原則です。「その人」が労務を提供することを目的とする労働契約とはこの点でも異なります。だからこそ、請負には下請け・孫請けといった方法が広く採られているわけです。

　自己の雇用する労働者を他人のために労働させる点では労働者派遣と請負とは似てきます。この両者がどこが異なるかといえば、労働者派遣の場合は派遣労働者が他人の指揮命令に服することを予定していますが、請負の場合は請負人の労働者が注文主の指揮命令に服することはないという点です。

5　派遣と請負の区分基準

　そうはいっても両者はなかなか区別がつきにくいのが現実で、旧労働省（現厚生労働省）は労働者派遣事業と請負により行われる事業との区分基準を定めています（昭和61年旧労働省告示37号、労働者派遣事業と請負により行われる事業との区分に関する基準を定める告示）。

　その基準は次のとおりです。前述した判例でもこの基準に従って検討しています。なお、「偽装請負」という言葉があります。これは請負の形式をとっていても実態は派遣である（指揮命令している）ということを意味しています。ですから本来は「偽装派遣」と呼ぶ

べきかもしれません。

「請負の形式による契約により行う業務に自己の雇用する労働者を従事させることを業として行う事業主であっても，当該事業主が当該業務の処理に関し次の各号のいずれにも該当する場合を除き，労働者派遣事業を行う事業主とする。」
一 次のいずれにも該当することにより自己の雇用する労働者の労働力を自ら直接利用するものであること。
㋑ 業務の遂行に関する指示その他の管理を自ら行うものであること。
㋺ 労働時間等に関する指示その他の管理を自ら行うものであること。
㋩ 企業における秩序の維持，確保等のための指示その他の管理を自ら行うものであること。
二 次のいずれにも該当することにより請負契約により請け負った業務を自己の業務として当該契約の相手方から独立して処理するものであること。
㋑ 業務の処理に要する資金につき，すべて自らの責任の下に調達し，かつ，支弁すること。
㋺ 業務の処理について，民法，商法その他の法律に規定された事業主としてすべての責任を負うこと。
㋩ 次のいずれかに該当するものであって，単に肉体的な労働力を提供するものでないこと。
　(1)自己の責任と負担で準備し，調達する機械，設備もしくは器材（業務上必要な簡易な工具を除く）または材料もしくは資材により，業務を処理すること。
　(2)自ら行う企画または自己の有する専門的な技術若しくは経験に基づいて，業務を処理すること。

第1章 労働契約

第2節 「労働契約の成立」「内定」「試用期間」

1 テーマ

労働契約はいつ成立するのか、どのような行為があると成立したとみなされるのか、採用の内定やその取消し、試用期間というのはどういう意味を持つのかといったことについて説明します。

2 労働契約の成立

使用者と労働者の間で結ばれる労働契約も、それが契約であるからには双方の意思の合致によって成立することになります。

ですから、使用者が採用をしたくないといっているのに採用を強制されることはありませんし、労働者がその会社で働きたくないといっているのに働くことを強制されることもありません。これは契約自由の原則から導かれる結論であり、仮に採用拒否が何らかの理由により違法であったとしても、その者との間の労働契約の締結を使用者が強制されることはないのです（もちろん、不法行為としての損害賠償責任が発生するかどうかは別の問題です）。

とすれば、「双方の意思の合致による労働契約が成立した」という場合、どのような行為があればそう捉えられるのでしょうか。

労判793号49頁のわいわいランド事件（大阪地判平12.6.30）では、仕事内容、勤務時間、賃金などを記載した雇入れ通知表と仕事の日程表を会社が本人に交付したことが契約の申込みであり、それに本人が承諾したことによって労働契約が成立すると判断しています。

ですから、原告のうち1人は完全な承諾があったとして労働契約の成立が認められ、もう1人は通知表の内容が従前の説明と異なっていたため「考えさせてほしい」と述べていた等の事情から会社の

雇用申込みを承諾したとは認められないから、労働契約が成立したとは認めていません。

このように、契約の成立がなされたかどうかについては、労働条件について双方の意思の合致があるかどうかということになるわけです。したがって、例えば、もう少し賃金を上げてくれれば働くとか、わいわいランド事件であるように、就労時間と大学におけるスクーリングの時間が調整できれば働くといったような条件を労働者側が付けた場合には、労働者側からの新たな契約申入れとなりますから、使用者がそれを受諾すれば契約は成立しますが、受諾の意思表示がない限り労働契約は成立しません。

3 採用の内定とは

日本の企業の就職においては、特に新規学卒者の採用に当たり、毎年4月の入社時のずっと前に、会社が「採用内定通知」を行う慣行があります。この採用内定通知とは、どのような意味を持つのでしょうか。労働契約は内定で成立するのでしょうか。

採用内定の慣行は、会社からみれば優秀な学生を早い段階で確保できるという利点があり、学生からみればいい会社に早く就職を決定して安心したいという双方の思惑が一致したことによって続いてきたものです。ただし、労働力の流動化などで通年採用や中途採用が多くなってくれば、新規学卒者＝将来の幹部社員採用という図式が崩れ、採用内定の慣行も変化していくかもしれません。

採用の内定方法は会社によってさまざまで、一定のやり方があるわけではありませんが、新規学卒者の採用で多くみられるやり方は次のようなものでしょう。

①会社が会社案内や資料の配布等を学生に行う、②説明会などを開いて募集を行う、③学生が応募する（面接を受けたり、試験を受

けたりする)、④会社が学生に採用内定の通知を行う、といった流れです。

もちろん契約の成立は個別案件ごとに判断されるわけですが、一般的には②の募集は契約の申込みの誘引にすぎず、③の応募が労働契約の申込みであり、④の内定通知が承諾と考えられています。

ですから、会社が採用内定通知を発した段階で労働契約が成立することになります。

なお、学生との面接で会社の面接担当者が「君は内内定だ」とか「他をまわらなくていいよ」などと発言することがありますが、この発言をもって労働契約が成立したとはいえず、あくまで会社として採用内定を通知した時点を成立の時点とみるのが一般的です。

もっとも、採用内定通知の段階で労働契約が成立したといっても、実際に就労するのはずっと先のことであり、また、健康診断で異常がない、卒業するなどといった条件が付くのが通例です。

したがって、採用内定通知の時点で成立する労働契約は入社日を就労の始期とし、かつ、一定の条件に反した場合には契約をなかったものにする(例えば卒業できなかったら契約は当然解約となる)という解約権留保付きのものということになります。

なお、公務員の採用の場合には、以上に述べた民間会社のケースと異なり、任用行為である辞令交付によって労働契約が成立するのであり、採用内定通知は単なる準備行為であるとされています。

4 労働契約の取消し、採用内定の取消し

いったん労働契約が成立してしまえばそれを会社側の都合でやめることは労働契約の解消ですから、解雇(使用者側からする解約申入れ)ということになります。わいわいランド事件でも、確定的に雇用契約が成立している以上、就労前であっても「この話はなかっ

たことにして下さい」という発言は雇用契約の解消の意味であり、解雇の意思表示であるとされています。

ですから、会社として、曖昧な形でもとりあえず契約を成立させておき、そのうえで事情が変われば契約がなかったことにすればよいなどと安易に考えることがいかに危険かを示しています。

この理屈は採用内定の場合でも同様です。なぜならば、就労時期が先であるとか、一定の解約権が留保されているというだけであり、労働契約が成立することに変わりはないからです。

したがって、採用内定の取消しは「採用内定当時知ることができず、また知ることが期待できないような事実であって、これを理由として採用内定を取消すことが解約権留保の趣旨、目的に照らして客観的に合理的と認められ社会通念上相当として是認することができるものに限られる」とされています（**大日本印刷事件・最二小判昭54.7.20労判323号19頁**）。

5 「試用期間」とは何か、本採用の拒否

「試用期間」というのは、本来の意味では、社員として採用する前に能力や適性があるかどうかをテストする期間のことです。そのテストに合格すれば労働契約を締結して社員となり、不合格であれば労働契約を締結しないという制度が本来の仕組みのはずです。

ところが、実際には、多くの会社の規定では、労働契約を締結したうえで一定期間（例えば3か月とか6か月）を試用期間として、その試用期間終了時に本採用するかどうかを決定するというシステムになっています。

つまり、労働契約はすでに試用期間が開始された時点から成立していますから、試用期間中であろうとなかろうと労働者としての地位があることになり、試用期間中はその趣旨・目的に応じた解約権

が留保されているにすぎないことになります。ですから，試用期間満了時に使用者が本採用するかどうかを自由に決定できるということにはならないのです。

採用内定の取消しと同様，本採用を拒否するためには「解約権留保の趣旨・目的に照らして客観的に合理的と認められ，社会通念上相当な場合に限られる」というのが最高裁判例の考え方です。そういう意味では，試用とは，本来はテスト期間であるからテストに合格すれば採用し，不合格だったら採用しないという完全な裁量は使用者にないことになります。

労判793号25頁の**新光美術（本採用拒否）**事件（大阪地判平12.8.18）でも先ほどの最高裁判例に従って，解約権留保の趣旨・目的に照らして客観的に合理的な理由が存し，社会通念上相当と是認されうるものかどうかを具体的事情に即して検討し，「原告に対する本件本採用拒否が，合理的理由があり，社会通念上相当なものであったとは認められず，本件解雇は無効である」と結論づけています。

ただし，本採用の拒否は留保された解約権の行使ですから解雇となりますが，適格性を判断するための期間が試用期間ですから，本採用拒否における使用者の裁量は，通常の解雇の場合より広範に認められることになります。

第3節　「内定の取消し」と「入社前の研修」

1　テーマ

宣伝会議事件（東京地判平17.1.28労判890号5頁）を題材に，企業への内定，内定の取消し，入社前の研修といったことについて説明していきます。

2　内定とは

　内定というのは，就職活動の時期になるとよく聞く言葉です。最近では，内定のみならず「内々定」という言葉もあるようです。ところで，内定というのはどのようなことなのでしょうか。

　企業は入社を希望した応募者に対して，「内定した旨を通知する」ということを行うわけですが，内定とは法律的には「始期付解約留保権付労働契約の成立」とされています。これでは何をいっているのか分からないという方もいるかと思いますが，要するに労働契約の成立ではあるが，そこに始期（実際に就労してもらう時期）の指定がなされており，また，一定の条件に該当した場合には労働契約を解約するという解約権が留保されている契約ということです。

　新卒採用でいえば，例えば8月1日に企業が内定通知を出した場合（本件では平成14年6月17日に内定通知とされています），その段階ではまだ学生ですからすぐ働いてもらうわけにはいきません。翌年の3月卒業を待って4月1日から働いてもらうというのが普通でしょう。その場合の「翌年の4月1日」が上記でいう「始期」ということになります。

　もっとも，内定については，本件と同様内定取消しをめぐって紛争になり，数多くの裁判例もあるわけですが，新卒採用が企業の基本的採用方式であった時代の申し子なわけで，中途採用（即日採用）や有期労働契約が多くなれば，内定（あるいは内定取消し）をめぐる議論は少なくなるということができるかもしれません。

　次に，「解約留保権」というのはどのようなことなのでしょうか。文字どおり解釈すれば，一定の事由が発生したときには労働契約を解約する権利を留保しているということになります。例えば，3月に無事卒業できなかったときとか，健康診断で異常が見つかっと

きといった事由が多いと思われますが、これに限られるわけではありません。企業が採用内定の段階で特定の条件を示しておけば、少なくとも形式上はそれに該当すれば解約権が発生するといえるわけです。

3 内定取消しとは

この留保された解約権を企業が行使した場合が「内定取消し」ということになります。

そこで、内定取消しは自由にできるのかということになります。法律的にいえば、留保された解約権の行使に何らかの制限があるのかということです。

この点について本件では、次のように判示されています。

「一般に内定において解約権が留保されるのは、新卒採用に当たり、採否決定の当初においては、その者の資質、性格、能力、その他社員としての適格性の有無に関連する事項について、必要な調査を行い、適切な判定資料を十分に蒐集することができないため、後日における調査や観察に基づく最終的決定を留保する趣旨によるものと解されるところ、雇用契約締結に際しては使用者が一般的に個々の労働者に対して社会的に優越した地位にあることを考慮すると、そこでの解約権行使は、解約権留保の趣旨、目的に照らして客観的に合理的と認められ社会通念上相当として是認することのできる場合にのみ許されるというべきである。したがって、内定の取消事由は、使用者が、採用決定後における調査の結果により、当初知ることができず、また知ることができないような事実を知るに至った場合において、そのような事実に照らし内定者を雇用することが適当でないと判断することが、解約権留保の趣旨、目的に照らして、客観的に相当であると認められることを要し、その程度に至らない

場合には、解約権を行使することはできないと解される。」

したがって、上記のような事情が存在しない場合には、解約権の行使はできないということになります。この点については、従来の裁判例でも同様に解されており、具体的事案ごとにその該当性の有無について判断されるわけです。

なお、内定通知をもらった後、内定者から辞退する（労働契約を解約する）ことは可能なのでしょうか。内定によって一定の条件付きとはいえ労働契約が成立している以上、内定者もこれに拘束されることになりますが、一方で労働者には退職の自由があるわけですから、内定を辞退することは可能でしょう。しかし、だからといって、入社日近くになって突然辞退するなどという著しく不誠実な行為があり、企業がそのことによって損害が発生したということになれば、企業から内定者に対して損害賠償を請求するという可能性もないわけではありません。

4 入社前の研修

入社して会社の業務に携わることになった場合、本来の担当業務の遂行のみならず、いわゆる研修への参加が業務命令として命じられることがあります。

どのような研修について業務命令をもって参加を命じることができるのかは、「現在の業務遂行に必要な技術・技能研修あるいは就業規則等の修得のための研修のみにとどまらず、より広く労働者の労働力そのものを良質化し向上させるための研修であっても、これへの参加を業務命令をもって命じ得るものといわざるを得ない」とした裁判例があります（**動労静岡鉄道管理局事件**・静岡地判昭48.6.29労判182号19頁）。

上記裁判例は入社後の研修が問題となったわけですが、入社前（正

確にいえば始期前）の研修について，それを業務命令として命じることができるのでしょうか。

本件ではその点も問題になりました。この点について裁判所は次のように判示しています。

「ところで，一般に，入社日前の研修等は，入社後における本来の職務遂行のための準備として行われるもので，入社後の新入社員教育の部分的前倒しにほかならないと解されるが，本件研修もこれと異なるところはないというべきである。」「そして，効力始期付の内定では，使用者が，内定者に対して，本来は入社後に業務として行われるべき入社日前の研修等を業務命令として命ずる根拠はないというべきであり，効力始期付の内定における入社日前の研修等は，飽くまで使用者からの要請に対する内定者の任意の同意に基づいて実施されるものといわざるを得ない。」

つまり，入社前の研修については業務命令として行うことはできず，あくまで内定者の同意に基づくものであるというわけです。

そうなると，入社前の研修の同意をしなかった内定者に対して，それを理由に内定取消しができるのかという点が問題になるわけですが，それについて裁判所は次のように判示しています。

「使用者は，内定者の生活の本拠が，学生生活等労働関係以外の場所に存している以上，これを尊重し，本来入社以後に行われるべき研修等によって学業等を阻害してはならないというべきであり，入社日前の研修等について同意しなかった内定者に対して，内定取消しはもちろん，不利益な取扱いをすることは許されず，また，一旦参加に同意した内定者が，学業への支障などといった合理的な理由に基づき，入社日前の研修等への参加を取りやめる旨申し出たときは，これを免除すべき信義則上の義務を負っていると解するのが相当である。」

つまり、入社日前の研修については内定者の同意が必要なのであるから、同意をしなかったからといって、内定取消しの事由にはできないというわけです。

次に、内定者がいったん入社日前の研修についての参加に同意した以上、その後参加を取りやめることができないのかという点についても触れています。「原被告間に本件研修参加に係る合意が成立したが、当該合意には、原告が、本件研修と研究の両立が困難となった場合には研究を優先させ、本件研修への参加をやめることができるとの留保が付されていたと解するのが相当である」とし、念のためということでしょうか、「本件内定が就労始期付であるとしても、入社日前に就労義務がない以上、同様と解される」と判示しています。

第4節　「債務の本旨に従った履行」

1　テーマ

労働判例を読んでいると、債務の本旨に従った履行がある（ない）、労務提供義務の不履行がある（ない）などという言葉がよく出てきます。

そこで、労働契約における債務の履行とはどういうことか、債務の本旨に従った履行とはどういう意味を持つのかについて説明します。

「債務の本旨に従った履行」という言葉は、普通の生活ではなかなか聞かない言葉であると思いますが、債務の「本来の主旨」に従った履行という意味です。

この言葉は労働事件に特殊なものではなく、民法や商法という一

般的な法律や事件の中でも使われる言葉で，労働事件以外の判例でもよく出てきます。

契約関係にある当事者のうち，債権を有している者を債権者，債務を有している者を債務者と呼ぶわけですが，注意しなくてはいけないのは，同一当事者が，ある面については債権者であり，別な面からいえば債務者になることがあるということです。

したがって，契約のどのような側面について債権者であるか（債務者であるか）を明確にしておかないと混乱します。

労働契約でいえば，**2**以下で述べるように，労働者は賃金を請求する権利がありますからその点では債権者ですが，使用者の指示命令に従って労務を提供する義務を負うという点では債務者となります。

ですから，労働者は債権者であるとともに，債務者でもあるのです（使用者も同様です）。

2 労働契約の内容

労働契約は，労働者が具体的な労務の提供をすることによって賃金を得る，使用者はその対価として賃金を支払うという契約です。つまり，使用者と労働者の間で債権債務関係が発生します。

民法では「雇傭」と題されており，当事者の一方が相手方に対して労務に服することを約束し，相手方がそれに報酬を与えることを約束することによって効力を生ずると規定されています。

ですから，労働者の義務は労務の提供義務であり，使用者の義務は賃金を支払う義務です。これが労働契約の基本的な債権債務関係ですが，労務提供義務には職場の秩序を遵守し，職務に専念するという内容を含んでいますので，使用者の指示に従った労務提供を誠実に遂行したかどうかが，労働者の義務を履行したかどうかのポイ

ントとなります(つまり,どのような労務提供をすればこの義務を果たしたといえるのか,という問題です)。

労働者は,労務に服することによって報酬を得るわけですから,使用者の指示に基づき働くことが必要です。したがって,労働者が自分で仕事の内容を決めて働いたからといって賃金をもらえるわけではないのです。

あくまでも,使用者の具体的な指示命令どおりに仕事をしたことによって,賃金請求権が発生するにすぎません。そこで,この使用者の指示命令に従った仕事をしたかどうかが問題となり,これが労働者の義務である「債務の本旨に従った労務提供」があったか(債務の本旨に従った履行がなされたか)という表現になります。

要するに,債務(この場合は労務の提供)として,完全な形で履行したかどうかという意味です。

3 労働者の就労請求権

2で述べた労働者の労務提供については,義務であって権利ではないとされています。この意味は,使用者は賃金を支払う限り(賃金支払義務を履行する限り),提供された労働力を使用するかどうかは自由であり,労務の提供を受領しなければならない義務はないということです。

判例の言葉でいえば,労働者に就労請求権はないということになります。

4 どのような形で問題となるか

今まで述べたようなことがどのような形で問題になるかについて説明します。

例えば,労働者が労働組合の指示に基づいてワッペンやリボン等

を着用して就労した場合に，債務の本旨に従った労務提供があったといえるのか，使用者の指示に反した形で就労した場合（外勤を命じたにもかかわらず内勤をしたなど）はどうか，使用者の指示には反しているけれども使用者の指示に問題（違法性）があった場合はどうか，といった形であらわれ，これらの場合に労働者の権利である賃金請求権が発生するのかどうかが問題となります。

また，賃金請求権の存否だけではなく，債務の本旨に従った履行がなされない場合，使用者はそのことを理由として懲戒処分を行うことができるか，という形でも問題となります。

5 判例から

労判795号49頁のエスエイロジテム（賃金請求）事件（東京地判平12.9.25）では，長期間にわたるストライキ終了後の労働組合側の就労申入れを会社が拒否したことが争われました。

判決は，「一般に，履行の提供は債務の本旨に従って現実になされることを要し，労務の提供であってもこれと異なることはない。そして，労働者が労務を現実に提供しているということは，使用者が労働者を指揮命令下に置いている状況にあることを意味する」という一般論を前提にして，同事件の原告らが会社に対して労務の提供を行ったと認められるかどうかを検討しています。

そして，原告らが会社敷地内において，労務を提供するために待機しており，会社もこれを認識していたから，会社は原告らを指揮命令下に置いている状況にあったと認定し，労務を現実に提供していたものとしています。

次に，会社が提供された労務の受領を拒否したことについて会社側に責任があるのかどうかを検討し，結果として会社に責任があると判断しています。

したがって、労働者は労務を提供したが会社がその受領を拒否したのにすぎないから、賃金請求権が発生する（民法536条2項）という結論に至っています。

労判794号51頁の**アリアス（懲戒解雇）事件**（東京地判平12.8.25）では、第1次解雇撤回後に会社が部長職解任・賃金引下げを条件とする復職命令を発するのみで、原告の就労開始日・就労場所・勤務内容の明示要求に会社が応じず、業務命令拒否を理由に懲戒解雇処分にしたことが争われました。

判決は、「労働者は債務の本旨に従った労務の提供として就労しなければ賃金を請求することはできないのが原則であるが（民法624条1項）、違法な解雇など使用者の責に帰すべき事由によって労務の提供が不能になった場合には、労働者は賃金請求権を失わない（民法536条2項本文）」。ただし、「労働者が債務の本旨に従った労務の提供をする意思を有し、使用者が労務の提供を受領する旨申し出れば労働者においてこれを提供できる状況にあることが必要である」としています。

したがって、仮に解雇が違法であったとしてもそれだけで賃金請求権が発生するのではなく、労働者に債務の本旨に従った労務の提供の意思があり、かつ、そのような客観的な状況にあることが必要ということになります。本件では、就労の意思を書面により通知しており、口頭による労務の提供を通知していたとしています。

労務の提供意思と客観的状況の点でいえば、裁判例では、労働者が解雇されたものと思い労務遂行の意思を喪失していたとして賃金請求権は発生しないとされ（**ユニフレックス事件**・東京地判平10.6.5労判748号117頁）、また、就労する意思と能力を有していたことの立証は労働者がなすべきであるとされています（**オスロー商会事件**・東京地判平9.8.26労判725号48頁）。ですから、その立証ができ

ない場合には賃金請求権が発生しないことになります。

　このように，債務の本旨に従った労務の提供があったか，逆に，使用者が労務の受領を拒絶したのか，そのことに合理性・正当性はあるかという問題は，賃金請求権が発生するかといった形でくり返し判例上もいろいろとり上げられています。

第2章
就業規則・労働条件

第1節 「異議留保付き承諾」

1 テーマ

　「異議留保付き承諾」は，ちょっと難しい（ちょっとどころか大いに難しいかもしれません），あるいは耳慣れない言葉です。そもそも，承諾というのは相手の提案（申込み）について同意するということですから，異議があれば承諾（同意）にならないのではないかという基本的な疑問があると思います。

　そういう意味では，「異議留保付き承諾」というのは言語矛盾ではないのかという人もいるかもしれません。

　なお，異議留保付き承諾というのは，内心渋々（文句をいいつつ）承諾したというような承諾に至る過程の問題ではなく，承諾それ自体に異議を留保しているということですので，誤解のないようにしてください。

　それでは，異議留保付き承諾というのは，どのような場面で出てくるのでしょうか。

2 具体例（その1）

　労判843号20頁掲載の**日本ヒルトンホテル（本訴）事件**の東京高裁

判決（平14.11.26）では，会社が経営悪化を理由に，労働組合との団体交渉を経たうえで，従来賃金支給の対象とされていた食事および休憩時間を賃金支給の対象としない，従来の午後10時から午前8時までの深夜労働取扱時間を午前5時までに変更する，常用配膳人に対する交通費支給方法を定期券代相当分に変更する，午前8時以前に就労する者に対して支給されていた早朝手当を午前7時以前に変更する，といった労働条件の変更を日々雇用労働者である配膳人に通知したわけです。

通知の対象となった配膳人のうち約95％はこの労働条件の変更（あらたな契約の申込み）に同意したのですが，原告らは「この労働条件の変更を争う権利を留保しつつ，会社の提示した労働条件の下で就労することを承諾する」という通知をしました。この通知が今回のテーマである異議留保付き承諾の意思表示ということになります。

つまり，会社からの提案について別途訴訟で争う権利を留保しつつ，会社の示した提案どおりで労働契約を締結するという意味の通知です。したがって，「別途訴訟で争う権利を留保しつつ承諾する」というのですから，本来の承諾でないことは明らかですが，法律上はどのような効力を持つのかという点が問題になります。

裁判所は，「争う権利を留保しつつ，会社の示した労働条件の下で就労することを承諾します」との意思表示について，次のように判示しました。

「本件労働条件変更に合理的理由の認められる限り，変更後の条件による一審被告（会社のこと，以下同様—筆者注）の雇用契約更新の申込みは有効である。そして，これに対する一審原告らの本件異議留保付き承諾の回答は，一審被告の変更後の労働条件による雇用契約更新の申込みに基づく一審被告と一審原告らの間の合意は成

立していないとして後日争うことを明確に示すものであり，一審被告の申込みを拒絶したものといわざるを得ない」。

さらに，借地借家法32条を類推すべきとの原告らの主張に対しても「借地借家法32条は……立法により特に認められた制度である。これを本件のような日々雇用契約における労働条件変更の申込と承諾の場合に類推して，本件異議留保付き承諾の意思表示により雇用契約の更新を認めることは，そのような意思表示を受けた相手方の地位を不安定にするものであり，終局裁判の確定時における当事者双方の利害の調整を図るための立法上の手当てもされていない現状においては許されない」としました。

これは，極めて一般常識に沿った考え方といえると思います。要するに，本件で原告らは会社からの労働条件の変更（新しい労働契約の申込み）に真に同意したのではなく，別途争う権利を留保しているというのは異議があることにほかならず，そのような条件あるいは留保を付けた承諾は，会社からの契約提示（申込み）を拒絶したことになるというわけです。

確かに，会社としては，承諾したといいつつ，実際は異議があり，将来争われることが予想されるのに，労働契約成立の効果が発生するといわれたのではたまったものではない，本件で労働契約は成立していない（双方の合意がないから），といいたいところでしょう。

3 具体例（その2）

異議留保付き承諾とやや異なりますが，これに類似したものとして，当事者からの提案が前提条件を付したものである場合に，相手方がその前提条件はのめないがそれ以外の部分は受諾するという意思表示をした場合に法的効力が発生するのかという問題があります。

労判841号15頁記載のノース・ウエスト航空（賞与請求）事件の千葉地裁の決定（平14.11.19）は、会社がなした定期昇給およびベースアップなしを条件とする夏季一時金提案について、債権者（正確にいえば債権者の所属する労働組合）がなした定期昇給およびベースアップの不実施は受け入れられないが、夏季一時金については妥結する旨の通知を会社が受領したことによって、夏季一時金についての合意が成立したことになるのかという争点について、裁判所は次のように判断しています。

　「かかる事実からすると、債務者及び支社組合とも、ボーナス協定交渉の最大の争点が定期昇給及びベースアップの不実施をめぐる交渉にあったことを互いに十分に認識していたものと窺われる。

　上記……の事実からすると、債務者が交渉途中に提出した回答書面の記載の一部である夏季賞与金額については一致する部分が存在しているとしても、その前提とされている定期昇給及びベースアップの不実施措置については双方共に重要な懸案事項と認識しており、合意の前提条件を構成していたものとみることができるのであって、かかる事項について合意が成立していない以上、上記一致する部分のみを抽出して合意が成立したと解することは到底できないというべきであり、従って、支社組合が示した妥結の意思表示によっては、支社組合と債務者間に平成14年度の夏季一時金についての合意は未だ成立していないものといわざるを得ない。」

　この点は、日本ヒルトンホテル事件と同様、ごく常識的な判断といえます。

　当該会社としては、定期昇給およびベースアップがないということでよければ夏季一時金を支給するという意思だったわけで、この前提条件なしに夏季一時金を支給するという意思だったわけではないからです。

もっとも，会社が付した前提条件それ自体が違法なものであればその部分が無効とされ，前提条件なしの合意成立とされる場合も理論的にはないわけではありませんが，本件で裁判所は「上記昇給停止等の条件自体の提案は，経営者の観点に立つ限り不合理であるとまでは言い難く，少なくとも使用者という優位な立場に基づき，従業員である債権者らの窮迫に乗じて著しく社会正義に反する犠牲を求めたとみることはできず」として，このような前提条件は違法ではないとしています。

4　「異議をとどめる」とは

　このように，異議留保付き承諾は本来の承諾とは異なり，合意成立を認めがたいというのが常識的な結論であることはお分かりいただけたと思います。また，前提条件を付けた提案について前提条件なしの承諾を回答しても，それは合意にならないというのも同様です。

　さらに，これに類するケースは他にもあります。例えば，配転命令を会社が発令したときに労働者がその配転命令について「異議をとどめて赴任する」というケースです。これは，配転命令を拒否して赴任しなければ懲戒解雇になるでしょうし，同解雇の無効を主張して裁判で争うにしても，同解雇が有効となれば（その実質は配転命令が適法ということ）労働者は職を失ってしまいます。そこで，訴訟上の戦術として，配転命令には従った形で赴任し業務も行うが，配転命令それ自体を争うという方法を採るわけです。これが「異議をとどめて赴任する」という意味です。

　この方法であれば，外見的には配転命令に従っていることになりますので，会社は懲戒解雇をすることができません。労働者からすれば配転命令が無効となれば元の職場に戻れますし，配転命令が有

効となった場合でも現状のままというだけで解雇にはならないという利点があるのです。

第2節　「労使慣行」「事実たる慣習」

1 テーマ

　慣行や慣習という言葉は，一般社会でもよく耳にしますし，よく使われます。そこで，慣行や慣習が労働法上，あるいは裁判上どのような意味を持つのか，影響を及ぼすのかということについて**日本大学（定年）事件**（東京地決平成13.7.25労判818号46頁）を題材に考えてみます。

　また，慣行や慣習と同じような言葉として「既得権」といった言葉が使われることもありますが，これも同じような意味を持つのでしょうか。

2 具体例

　日本大学事件では，教員の定年が65歳と定められていましたが，その一方で，教員の場合，理事会の議決を経て70歳まで延長することができるとも規定されており，本人が退職を希望しない限り教授会が定年延長の内申を理事会に行い，理事会はそれを尊重して承認するという慣行があった（債権者はこのような主張をしています）ところ，債権者に限り定年延長を認めない旨の決定をしたので，この決定は労使慣行に反して無効であると主張し，争ったわけです。

　したがって，同事件での争点は，①このような慣行が存在し確立していたのかどうか，②仮に，その慣行が確立していたとすれば理事会の本件決定がその慣行に反するという理由で無効となるのか，

ということになります。ですから、その前提として労使慣行がいかなる場合に法的な拘束力を有するのかということが議論されることになるわけです。

裁判所は、「労使間で慣例として行われている労働条件等に関する取扱いである労使慣行は、それが事実たる慣習として、労働契約の内容を構成するものとなっている場合に限り、就業規則に反するかを問わず、法的拘束力を有する」としています。すなわち、就業規則の文言には反したとしても、上記のような場合には法的拘束力を有するというわけです。

そこで、労使慣行が事実たる慣習になっているかどうかをいかなる点から判断するかといえば、「同種の行為又は事実が一定の範囲において、長期間継続反復して行われており、労使双方が明示的に当該慣行によることを排除、排斥しておらず、当該慣行が労使双方（特に使用者側においては、当該労働条件の内容を決定し得る権限を有する者あるいはその取扱いについて一定の裁量権を有する者）の規範意識に支えられていることを要する」と解釈しています。

そのうえで、本件では「満65歳を迎える前に法学部教授会が定年延長の内申を理事会に対して行い、理事会がこれを承認し、満70歳で定年退職となるという取扱いが、事実たる慣習として、労働契約の内容を構成し、法的効力を有していた」と認定しています。

また、テーマとは直接関係しませんが、上記事実認定を前提として、理事会の議決は「社会通念上相当なものとして是認することができないから、権利の濫用として無効になると解する」と結論づけました。

もう少し労使慣行の点を説明してみたいと思います。

3 労使慣行ということ

　一般的に企業内において（労使間で），一定の事実行為が長期間あるいは反復継続して行われていることがありますが，これを労使慣行あるいは職場慣行と呼んだり，単に慣行あるいは慣例と呼ぶことがあります。

　こうした慣行は，企業において労使関係（労働契約）が一回限りのものではなく継続的なものであるために発生するものです。また，就業規則は職場における労働条件を画一的，統一的に定めるものですが，書面化されたものに共通の要因として細かな点まで網羅的に，かつ，全部を規定することが不可能であるために，さまざまな取扱いが慣行として現実には行われるという側面がどうしても発生することはやむを得ないのです。

　そこで，本件でも問題になったように，このような慣行の取扱いを法的に整理していく必要があるわけですが，慣行には，就業規則に規定がない部分について行われているという場合と，就業規則の規定に反して行われている場合とがあります。そこで，このような慣行が，いかなる場合にいかなる条件があれば法的拘束力を有するとするのかが問題となるわけです。

4 慣行の法的効力

　これは，**日本大学事件**で裁判所が述べたように，慣行が法的効力を持つのは，権利・義務に関する一定の継続する事実行為が事実たる慣習（民法92条）の要件に該当する場合に限られます。

　ちょっと難しい用語ですが，事実たる慣習というのは，公序良俗や労働基準法のような強行法規に反しないことを前提として，当事者がこの慣習（慣行）によるものと認められる事情がある場合に限

り，この慣習（慣行）をもって当事者の権利・義務の内容としようという考え方です。ですから，労使関係において法的効力を有する労使慣行の成立要件を考えると，次のようなこととなるわけです。
① 同種の事実あるいは同種の行為が労使間において長期間反復継続している。
② 労使双方がこの事実行為（慣行）を明示的に排除・排斥していない。
③ 当該慣行につき，労働条件について法的権限を有する者またはその取扱いについて一定の裁量権を有する者の規範意識に支えられている。

これらの点が要件であることは，ほぼ通説・判例において認められています。

なお，上記③の規範意識を持つというのは，労働条件の決定権を持つ者あるいは一定の裁量権がある者が準則（規則・規範）とすることの意識を持っているということです。したがって，労使慣行が法的効力を有するためには，上記①，②のような事実としての反復継続だけで拘束力を生じるものではなく，③の一定の立場にある当事者（特に本件判例でも述べられたように使用者側）の規範意識に支えられた場合に，はじめて労使間を拘束する慣行が成立するのです。

5 労使慣行と就業規則の定めが異なる場合はどうなるのか

先に述べたように，事実として行われている慣行が就業規則の明文に反する場合もありえますが，そのような場合，就業規則に反するということで法的効力を持たないといってよいのか，あるいは一定の場合には法的効力があるということになるのかも，問題となります。

この点については，本件の判例がいうように「事実たる慣習として労働契約の内容を構成するものとなっている場合には，就業規則に反するかどうかを問わず，法的効力を有する」との考え方が有力です。したがって，事実たる慣習として労働契約の内容を構成するものとなっていると判断されれば，就業規則が事実上改廃（変更）されたのと同じことになるのです。

だからこそ，上記の3つの要件のうち，③の要件として，当事者，特に使用者側において当該労働条件の内容を決定しうる権限を有する者あるいはその取扱いについて一定の裁量権を有する者の規範意識に支えられていることが必要とされるのです。すなわち，就業規則の事実上の変更につながるからこそ，就業規則を制定・改定する権限を持つ者が慣行の取扱いを義務意識を持って支持することが必要だというのです。

その結果，労使慣行に関する3要件を具備する場合には，就業規則の定めいかんにかかわらず，その慣行が優先されて法的効力を有するということが出てくるわけです。

ですから，一定の慣行的事実があったとしても，就業規則の制定・改定権者（労働条件の内容を決定し得る権限を有する者）がその事実について規範意識を持っていないとすれば，就業規則に抵触する慣行について，たとえ事実として継続していても，法的効力が認められないというのが裁判例です。

したがって，そのような慣行が法的効力を有するかどうかは個別事案ごとの事実認定となり，**日本大学事件**での労判のコメントにもあるように，事実認定によって，労使慣行の法的効力が認められるケースとそうでないケースとに結論が分かれることになるのです。

第3節 「違約金の禁止」

1 テーマ

日本ポラロイド（サイニングボーナス等）事件（東京地判平15.3.31労判849号75頁）と**徳島健康生活協同組合事件**（高松高判平15.3.14労判849号90頁）を題材に，労働基準法16条の違約金・損害賠償予定の禁止について考えてみます。

労働基準法16条は，「使用者は，労働契約の不履行について違約金を定め，又は損害賠償額を予定する契約をしてはならない」と定めています。そこで，ここにいう違約金とはどのようなものか，損害賠償額を予定するとはどのような場合をいうのか，といったことが争われるわけです。

2 労働基準法16条の趣旨

民法上は当事者が合意すれば（契約自由の原則に基づき），契約を不履行にした場合を想定して予めその違約金を定めること（損害賠償額の予定をすること）が認められています。不履行にした場合の制裁を定めることによって債務の履行を確実にする，という目的のためです。

しかし，労働契約においてこれを認めることは（特に高額の賠償予定額を定めた場合など）労働者の足止めに利用され，事実上の拘束（意に反した労働強制）となるおそれがあるため，労働基準法でこれを禁止したというわけです。

契約自由の原則の修正，というパターンの一つということがいえます。

ただし，労働基準法が禁止しているのは，あらかじめ損害賠償額

を約束することであり，現実に発生した損害を使用者が労働者に対して請求することは禁止されていません。したがって，損害が発生した場合に，あらかじめ合意した金額ではなく，実損害額を賠償するということを約束することはこの禁止条項には該当しないのです。

しかし，昭和20年代ならいざ知らず，労働者が使用者に事実上拘束される，足止めされる，意に反した労働を強制されるということが今日あるのでしょうか。労働基準法16条は現在では意義を失ったのではないか，これをめぐる紛争など生じないのではないか，と思う人がいても不思議ではないと思います。

ところが，現実は立法当時想定していなかったような形でこの条文が使われているのです。つまり，今日的な問題としてこの条項をめぐって紛争が生じてきています。

3 今日的な問題

よくあるのは，海外留学の費用の援助や特定の研修費用の援助を使用者が行う条件として，一定期間勤務すればその返還は免除するがその期間中に退職すれば返還させるという合意や規定が，労働基準法16条に反しないのかという事例です。使用者からすれば，労働者に一定の期待をし，しかも費用をかけて留学や研修をさせたにもかかわらず，留学や研修終了後直ちに退職されては何のために多額の費用を支出したのか分からないとして，留学や研修終了後一定期間内に退職した場合は費用を会社に返還させる旨の規定を定めたいという気持ちになるのはよく分かります。

このような定めが違法となるのでしょうか。

4 具体例の検討

日本ポラロイド（サイニングボーナス等）事件では，企業と雇用契約を締結するに当たって報酬額を定めるなかで，雇用開始日から1年以内に自発的に退職した場合には返還するとの条件付きのサイニングボーナス200万円が含まれていました。労働者が1年以内に退職したため，このボーナスの返還等を会社が求めたという事案です。つまり，このサイニングボーナスの返還にかかる定めが労働基準法16条に違反するか否かが争点となったわけです。

裁判所は，このサイニングボーナスの趣旨について「原告会社と雇用契約を結んだときに支払われる金員であって，成約を確認し勤労意欲を促すことを目的（と）して交付される性質を有するほか，1年内に自らの意思で退職した場合にはその全額を返還することを約することで，一定期間企業に拘束されることに対する対価としての性質をも有している」としたうえで「いわゆる経済的足止め策もその経済的給付の性質，態様，当該給付の返還を定める約定の内容に照らし，それが当該労働者の意思に反して労働を強制することになるような不当な拘束手段であるといえるときは，労働基準法5条，16条に反し，……無効である」との一般論を述べ本件サイニングボーナスの定めについて具体的に検討しています。

本件サイニングボーナスの金額と年俸額との比較，返還方法についての定めがないこと等から，「本件サイニングボーナスを退職時に一度に全額返すことは，その半分程度の月収しか得ていない被告にとって必ずしも容易ではないことが推認できるし，その返還をためらうがゆえに，被告の意思に反し，本件雇用契約に基づく労働関係の拘束に甘んじざるを得ない効果を被告に与えるものであると認めるのが相当である」として，意思に反して労働を強制することに

なるような不当な拘束手段であるといえるから、本件サイニングボーナス返還規定は無効であると結論づけています（その結果会社の返還請求権は認められませんでした）。

徳島健康生活協同組合事件では、研修終了後健康生協に勤務しない場合は研修期間中生協より補給された一切の金品を3か月以内に本人の責任で返済しなければならない旨の定めが労働基準法16条に違反しないか争いになった事件です。

これは医師の専門研修規定に関する問題ですが、裁判所は同条項全体を労働基準法16条に違反するとした一審と異なり、研修を受ける者が研修終了後勤務することを研修受講者に対する義務とするという内容を定める範囲では有効であるが、研修期間中支給された一切の金品を返還するという、勤務しない場合の損害賠償額を予定している部分は、賠償予定の禁止を定めた労働基準法16条に該当し無効であると判断しています。

5　労働基準法16条をめぐる状況

先に述べたように、労働基準法の制定当時と異なり、現在は労働者の足止めというより一定の恩恵（留学や研修の費用負担）を労働者に付与する際の条件とする、例えば、恩恵を受けた後一定期間勤務しなかった場合は恩恵部分や金銭を返還する、さらに進んで**日本ポラロイド（サイニングボーナス等）事件**のように報酬契約の一部とする、といった内容を定めることが労働基準法16条でいう損害賠償の予定に該当するのかどうかが問題となっているのです。

判例は事案によって結論が分かれています。

徳島健康生活協同組合事件の労判コメント欄の（4）参考判例部分にあるように、社員留学制度で留学するに当たって帰国後一定期間を経ずに退職する場合は留学費用を会社に返還する旨の契約はどう

か，海外研修終了後一定期間内に退職した場合には派遣費用を返済する旨の契約はどうか，看護学校の職員が参加した講習会費用につき，一定期間内に退職する場合は奨学金を返還するという運用はどうか，といった紛争が発生しています。

　その結論が分かれている理由は事案が異なるということもあるかもしれませんが，企業が行う費用の援助・負担は，労働者がそれを負担するのが原則で，その費用を企業が貸与したものであり，本来は貸主である企業に返還をすべきものであるところ，一定期間勤務した場合にはその返還を免除するという合意であれば労働基準法16条に反しない（つまり，原則は返還で，例外として一定期間勤務すれば返還免除）が，他方，企業が原則その費用を負担すべきものであるのに一定期間労働者が勤務しなければ費用を返還させるという合意であれば，損害賠償額を予定したものとして労働基準法16条に反する，と考えているように思われます。

　この点を注意して，返還にかかる規定をどのように定めるかまた，どのように運用をすべきかでしょう。

第3章
賃金・退職金

第1節 「仮払金の金額・期間」「賃金と賃金相当額」

1 テーマ

 解雇された労働者が会社を相手として提起した雇用関係確認（地位保全）等の仮処分事件において示される仮払金の金額や期間，「賃金」と「賃金相当額」の違いなどについて，**アイスター事件**（熊本地決平17.5.25労判894号88頁〔要旨〕）および**第一交通産業（佐野第一交通）仮処分保全抗告事件**（大阪高決平17.3.30労判896号64頁）を参考に述べてみます。

2 仮払金の金額やその期間

 会社から解雇通告された労働者がその解雇が違法・無効であるとして，地位確認等請求を提起することはよくありますが，本案判決の確定を待っていては生活できない，あるいは本案の維持が困難であるとして，緊急（暫定）措置として地位保全の仮処分を申し立てることもこれまたよくあることです。
 その仮処分事件において，労働者の申立てが認められる場合，仮処分命令における仮払いの金額や期間はどのようになるのでしょうか。

つまり，自動的に従前もらっていた賃金が仮処分で命じられる仮払金額になるのか，仮払いを命じる期間はどのようになるのかという問題です。
　なぜこのようなことが問題になるかといえば，地位保全の仮処分にしろ何にしろ，仮処分というのはあくまで緊急（暫定）の保全措置にすぎないからです。
　アイスター事件では，仮払金額について次のように述べています。「賃金の仮払いについては，労働者が収入の途を失ったために生ずる差し迫った生活の危機を回避するために認められるものであるから，必ずしも労働者の解雇以前と同程度の生活状態の維持を目的とするものではなく，仮払いを求め得る金額は，必ずしもその労働者の解雇前の賃金額が基準となるものではない。債権者らにおいて，特段の主張・疎明のない限り，債権者らの居住する地域における債権者らと同様の家族構成の家庭で必要とする標準生計費の額をもって，その一応の基準と考えるべきである。本件においては，平成16年4月現在の熊本市における別紙各都道府県の標準生計費（〈証拠略〉）が一応の基準となる。もっとも，上記基準額を超過している医療費や教育費等がある場合，現実の支出を参考に，仮払額が決定されなければならないことはいうまでもない。」
　次に，仮払いの期間については次のように述べています。「前記各賃金の仮払いを認める期間については，本件疎明資料によれば，債権者らは本件解雇後アルバイト，蓄えなどにより生活をしてきたことが一応認められることからすると，過去の賃金分については仮払いの必要性は認められない。一方将来の仮払い期間については，債権者らの年齢等を考慮すると，再就職は容易ではないと認められ，訴訟の進行度等を考慮し，本決定の翌月から2年間とするのが相当である。」

したがって，本案事件であれば，労働者が勝訴した（解雇が無効となった）場合，元の賃金にそった支払いを受けることになりますが，仮処分の場合は仮払いの金額も期間も，前記のように「暫定措置として適当な範囲」に限定されることになります。

3　賃金と賃金相当額の違い

賃金は労働契約に基づく労働者の基本的な債権であり，仮に解雇が無効となれば労働契約が存在していることになりますから，労働者に労働の提供の意思がある限り賃金請求権が発生することになります。

ところで，判例によっては「賃金」という言葉ではなく，「賃金相当額」という言葉が使われることがあります。賃金に相当する額ということですので，賃金そのものではないことになります。

この違いはどのようなことなのでしょうか。

それは，申立人（または原告）が損害賠償を請求しているからだと思ってください。そして，その損害の内容が賃金と同じ（賃金に相当する）金額ということなのです。

4　賃金相当額の損害

この点について，**第一交通産業（佐野第一交通）仮処分保全抗告事件**は，次のように「相当因果関係のある損害の範囲」について述べています。

「ア　抗告人が佐野第一を解散した目的は，上記のとおり極めて不当である。

イ　抗告人は，佐野第一の解散後，その支配する御影第一に同一の事業を行わしめて利益を享受している。

ウ　佐野第一の解散後，すでに満2年が経過しようとしているに

もかかわらず，紛争は長期化し，いまだ解決の目途が立っておらず，相手方らは，現時点においても，御影第一で就労することができていない。

　エ　以上の諸事情にかんがみれば，抗告人は，少なくとも佐野第一解散後３年間，相手方らに対し，賃料(ママ)相当額について，これを相当因果関係のある損害として賠償すべき責任があるというのが相当である。」

　次に，不法行為に基づく損害賠償請求権を被保全権利として賃金相当額の定期的な仮払いを求めることができるかどうかが問題になります。賃金請求権ならば毎月１回（毎月ごとに）将来にわたって仮払いを命じることに違和感はないと思います。しかし，損害賠償請求権であれば，過去の事柄による賠償ですから，仮払いとしても過去の分の仮払いで足りるはずです。仮に，将来分について仮払いを認めるとしても損害賠償である以上，一定額を１回仮払いさせればよいというのが普通です（この場合は将来分の一括先払いということになります）。いずれにしろ定期払は損害賠償請求とはなじまない感があります。しかし，本件では裁判所は，損害賠償請求といっても実質的には生活確保のためのもので将来の定期払いになじむとして，次のとおり述べて賃金相当額の定期的な将来にわたる仮払いを認めました。

「ア　本件は，名目上は損害賠償権を被保全債権とするが，実質的には生活確保のため，賃金相当額の支払を求めるものである。

　イ　賃金は通常後払いであり，相手方らの賃金も後払い（毎月28日払い）であった。

　ウ　相手方らは，本件において，不法行為責任としても，生じた損害を一括して先払いすることを求めていない。

　エ　抗告人の責任を認めつつ，将来分については定期払いの方法

によらしめることは，抗告人と相手方の利害関係を適切に調整し，両者間の公平を図ることに資する。

　オ　以上によれば，本件においては，不法行為に基づく損害賠償請求権を被保全権利として仮処分命令手続により賃金相当額の定期的な仮払いを求めることは適法であり，可能であるというのが相当である。」

　だから「相手方らは，抗告人に対し，平成15年4月から平成18年3月まで，毎月28日限り，毎月支払われるべき賃金と同額の損害について，その支払を求める被保全権利があると一応認めることができる。」としています。

　そして，仮払金額については「相手方らには，原々決定と同様，毎月28日限り，旧賃金体系によって算定された賃金の平均額と現実の支給額の平均額の低い方の額……の限度で，その支払を求める保全の必要性がある」としています。

　このように，不法行為に基づく損害賠償という以上（不法行為に基づく損害賠償請求権を前提とする以上），労働契約に基づく賃金請求権とは異なりますから，賃金が発生したり，賃金の支払いを命じられることはありません。しかし，同事件ではその損害賠償の内容として「賃金相当の金額」を認めたわけです。

　損害として「賃金と同額の損害」があったというわけです。

　以上のとおりですので，「賃金」と「賃金相当額の損害」とは似ていますが，異なる概念なのです。

第2節 「解雇期間中の賃金」「中間収入の控除」

1 テーマ

　解雇事件において解雇が無効とされた場合，労働契約が存続していたことになるわけですから，労働提供の意思がある限り賃金請求権が発生することになります。一方，会社は解雇をした以上就労させないはずですから，労働者は生活のためその間別の会社で働くとか，別の職に従事するということが当然発生します。

　解雇無効として賃金請求権がそのまま認められ，一方で，その間収入を得ていたとすれば二重に利得したということにならないのか，言葉を変えれば，解雇されたことによってかえって儲かってしまったことになるのではないかという問題があります。この点について，**勝英自動車学校（大船自動車興業）事件**（東京高判平17.5.31労判898号16頁）を題材として説明します。

　それが，解雇期間中に得ていた「中間収入」を控除するのかどうかという問題なのです。ここでいう中間収入とは，解雇期間中に他の職（他の会社など）に就いて収入を得ていた場合の収入ないし利益という意味になります。

2 本件事例について

　本件**勝英自動車学校事件**は，通常の解雇事件と比較して，営業譲渡が絡みますので，事案としては複雑ですが，本稿ではそのことについては触れません。

　まず，解雇が無効ないし労働契約上の地位があることについて，次のように述べています。「そうすると，上記（原判決を引用）のとおり，本件解雇が無効となることによって本件解散時において大船

自動車興業の従業員としての地位を有することとなる被控訴人ら8名及び亡Ⅰについては、大船自動車興業と控訴人との上記合意の原則部分に従って、控訴人に対する関係で、本件営業譲渡が効力を生じる同年12月16日をもって、本件労働契約の当事者としての地位が承継されることとなるというべきである。

したがって、被控訴人ら8名及び亡Ⅰは、本件解雇の日の翌日である平成12年12月16日以降も、控訴人に対して本件労働契約上の権利を有するものであり、被控訴人Ａら7名が控訴人に対し労働契約上の権利を有する地位にあることの確認を求める請求はいずれも理由があるから、認容すべきである。」

したがって、賃金請求権が発生するということになりますが、この点について次のように述べています。「控訴人は、本件解雇が有効であり、控訴人と被控訴人ら8名及び亡Ⅰとの間に労働契約関係が存在しないとしてその就労を拒否しているのであるから、債権者の責に帰すべき事由により債務の履行が不能である場合（民法536条2項本文）に該当し、被控訴人ら8名及び亡Ⅰ（被控訴人Ｅについては定年に達する時まで、亡Ⅰについては死亡の時まで）は、控訴人に対し、賃金支払請求権を有するものである。」

そして、賃金額については、「控訴人が支払うべき賃金の額の算定については、大船自動車興業から平成12年9月から11月までの3か月間（これは、労働基準法12条所定の平均賃金を算定する基礎となるべき3か月間に一致する）に各人に支払われた賃金の額を基にするのが相当である。」とし、さらに、「したがって、控訴人は、被控訴人ら8名及び亡Ⅰに対し、平成13年1月以降、上記3か月間の上記各手当及び加算を含む賃金の月平均額を、毎月25日限り支払うべき義務があったものである。上記3か月間の賃金の平均金額は、労働基準法12条1項所定の平均賃金の月額と一致することとなる。」

としています。

3　中間収入として控除できる限度

　前記認定によって、賃金請求権の内容（金額）は決まりました。次問題となるのが、中間収入をどれだけ控除できるのか、中間収入の全額を賃金請求権から控除してよいのか、という問題になります。

　本件で裁判所は、「控訴人は、被控訴人Ａ、同Ｃ及び同Ｄについて、本判決別紙３中間収入表（控訴人の主張）のとおりの中間収入を得ているから、平均賃金（月額）の６割を超える額（被控訴人Ａは18万1038円、同Ｃは19万5827円、同Ｄは19万9451円をそれぞれ超える分）を控除すべきであり、被控訴人Ａについては合計208万5827円、同Ｃについては合計242万9068円、同Ｄについては合計283万8805円を控除すべきであると主張する（控訴人は、その余の６名については中間収入の控除についての主張をしていない）。

　使用者の責めに帰すべき事由によって解雇された労働者が解雇期間中に他の職に就いて利益を得たときは、使用者は、労働者に解雇期間中の賃金を支払うに当たり上記利益（中間利益）の額を控除することができるが、同賃金額のうち労働基準法12条１項所定の平均賃金の６割に達するまでの部分については利益控除の対象とすることが禁止されるのであり、平均賃金額の６割を超える部分から当該賃金の支給対象期間と時期的に対応する期間内に得た中間利益の額を控除することが許されるものである」と判示しています。

　したがって、他の職について得られた中間収入を全額控除できるのではないことになります。ところで、上記「平均賃金の６割」という基準は、どこから出てくるのでしょうか。それは、最高裁がこの点についてすでに判断を示しているからなのです。

4 中間収入控除の基準

あけぼのタクシー（民事・解雇）事件（最一小判昭62.4.2労判506号20頁）で、最高裁は次のように述べています。

「使用者の責めに帰すべき事由によって解雇された労働者が解雇期間中に他の職に就いて利益を得たときは、使用者は、右労働者に解雇期間中の賃金を支払うに当たり右利益（以下「中間利益」という。）の額を賃金額から控除することができるが、右金額のうち労働基準法12条1項所定の平均賃金の6割に達するまでの部分については利益控除の対象とすることが禁止されているものと解するのが相当である（最高裁昭和36年(オ)第190号同37年7月20日第二小法廷判決・民集16巻8号1656頁参照）。したがって、使用者が労働者に対して有する解雇期間中の賃金支払債務のうち平均賃金額の6割を超える部分から当該賃金の支給対象期間と時期的に対応する期間内に得た中間利益の額を控除することは許されるものと解すべきであり、右利益の額が平均賃金額の4割を超える場合には、更に平均賃金算定の基礎に算入されない賃金（労働基準法12条4項所定の賃金）の全額を対象として利益額を控除することが許されるものと解せられる。そして、右のとおり、賃金から控除し得る中間利益は、その利益の発生した期間が右賃金の支給の対象となる期間と時期的に対応するものであることを要し、ある期間を対象として支給される賃金からそれとは時期的に異なる期間内に得た利益を控除することは許されないものと解すべきである。」

要するに、最高裁は賃金を遡及して払う場合に、中間収入は民法536条2項但書により控除できるが、労働基準法26条によりその範囲は得べかりし賃金の4割を限度とするというわけです。つまり6割部分は最低限支払われることになります。しかし、こう説明され

ても，なにを言っているのか理解不能な感じがします。私は，単純に中間収入を控除できるとすれば全額できるのではないかと思いますが，この点について「純論理的に考えると理解困難な面もあるが，複雑な法律問題について実際上の衡平性を有する簡明な処理基準を編みだしたもの」として支持する見解が多いようです（菅野和夫『労働法〔第9版〕』〔弘文堂〕487頁）。

　なお，**あけぼのタクシー事件**では，月例賃金ではなく一時金が問題となっています。

　一時金を中間収入の控除対象としてよいのかどうかについて争われたわけですが，最高裁は「本件一時金は利益控除の対象にならないものとした原判決には，法律の解釈適用を誤った違法がある」として福岡高裁の判決（昭58.10.31）を破棄していますので，控除の対象となるということになりました。

　つまり，6割を超える賃金の中に解雇期間中の一時金が含まれていた場合には，一時金も中間収入控除の対象となるというわけです。

第4章
定年・解雇

第1節 「合意解約の無効，取消し」

1 テーマ

　合意退職（法律的には合意による労働契約の解約）の無効や取消しということがどのような場合に主張できるのか，そもそも合意したのにそのような主張が裁判上認められるのか，などといったことについて説明します。その中で，意思表示の取消しや錯誤といった問題が出てくるのです。

　判例で多く見られるケースは，労働者が会社からの勧め（退職勧奨）に基づいて退職届を提出したけれども，後になってその退職の効力を争うというケースです。その紛争の遠因としては，もともと退職したくなかったのに退職届を提出してしまったという事情があると考えられます。

　そこで，退職勧奨そのものに一定の（あるいは特定の）要件が必要なのか，退職勧奨に基づいた退職がどのような場合には無効となるのか，といったことについて考えてみます。

2 合意退職を巡る事例

　このテーマについて，**ダイフク（合意退職）事件**（大阪地判平12.

9.8労判798号44頁）を例にとって考えてみます。

同事件は，退職勧奨に基づいてなされた合意退職の法的効力が争われた事案です。

同事件は原告らが，①退職勧奨といっても実質的には解雇の意思表示であり，人員削減を目的とした場合，退職が有効となるためにはいわゆる整理解雇の4要件を満たす必要があるが本件ではそれを満たしていない，②退職に応じなければ出向や配置転換，あるいは大幅減俸などの報復措置をされるかもしれないとの状況下でなされた退職の承諾は強迫によってなされたものであるなどを理由に，退職は無効であると主張して，労働契約上の地位の確認と未払賃金の請求，そして人格権侵害を理由に慰謝料を請求した事案です。

これに対し，被告会社は，①会社が行った退職勧奨は従業員の自由な意思に委ねられているものであり，単なる合意解約の申込みないしは申込みの誘引であるから，いわゆる整理解雇の要件を充足する必要はない，②原告らとの話合いにおいて，原告らは任意に退職に応じたものであり，会社は何ら強迫に当たる行為を行っていないなどと主張しました。

つまり，同事件での争点は，①原告らに対する退職申込みの法的効力，②原告らの退職承諾の有無とその法的効力，ということになります。

3 退職勧奨とは

上記①の点はなかなか興味深いテーマです。つまり，退職勧奨や退職の申入れが人員整理の目的で行われる場合には，整理解雇と同視していわゆる整理解雇の4要件（要素）を充足する必要があるか，という論点です。

裁判所は，この点につき，退職の場合であっても契約の申込みは

当事者の自由であり，退職勧奨が人員整理の目的で行われる場合でも整理解雇の4要件の充足を必要とするとはいえない，申込みの相手方は退職に応じたくなければ承諾しなければよく，承諾しなければ退職の効力が生じることはあり得ないのであるから，申込み自体を制限しなければならない理由はない旨判示しています。

このような考え方は，今までの裁判例において積み上げられてきたものの延長線上にあるといってもよいでしょう。

判例は，会社が行う退職勧奨について，退職勧奨は労働者の退職意思を形成するための事実行為であるとし，それ自体で何らかの法的効力を発生させるものではないから，使用者は業務上の必要に基づき，原則として自由に，かつ，いつでも労働者に対して退職勧奨をなすことができ，一方，労働者は退職勧奨に応じる義務はなく，退職するか否かについて自由に意思決定できると解釈するものが圧倒的に多く，学説上も通説です。

このことを前提として，第1の争点につき，裁判所は，会社から申し込まれた退職について労働者には承諾するか否かの自由があるのであって，承諾しなければ退職の効果が発生しない以上，会社の退職申込み自体を制限する必要はない（特別な要件や一定の状況が必要というわけではない），ということをいったわけです。

要するに，退職勧奨それ自体は一定の要件を満たす必要はないし，また特定の状況の下でしか行うことができないともいえないという，これまでの判例通説に則った解釈ということができます。

4 退職の意思表示の取消しや無効，撤回

ダイフク事件の2つ目の争点（前記②の点）につき，裁判所は，原告らの退職の承諾が強迫によるものと認めることはできないと認定して，原告らの請求を棄却しています。

退職の意思表示に何らかの瑕疵があったかという点は、結局のところ、法律論というよりは事実認定の問題に帰着します。

　退職の意思表示も民法一般の意思表示議論が適用されますから、当然のことながら民法上の強迫や要素の錯誤、心裡留保といった問題があれば、その意思表示が無効あるいは取り消し得べきものとなります（民法93条ないし96条参照）。

　しかしながら、意思表示においてこのような瑕疵があることは例外であり、通常、意思表示は内容どおりの効果を認めるべきであるというのは見やすい道理です。

　それは、私人間の契約においても、また、意思表示においても同様ですが、意思決定をするに当たって、それぞれが自由な立場で合理的な判断をし、決定するはずであって、後になって安直に一度なした意思表示を取り消すとか、契約が無効であるといわれたのでは困ったことになるからです。

　したがって、一般的にいって、退職の意思表示につき強迫などによる瑕疵が認められることはまれでありますし、裁判所がそのような認定をすることにはかなり慎重であることも理解できると思います。

　本事件においても裁判所は「退職に応じなければ、出向、配置転換、大幅減俸等があると告げられたわけではなく、配転などが予想されるとしても、それだけで強迫に当たるということができない」旨判示しています。

　原告らが十分な判断能力を有していることを前提として（これは自由な意思決定がなされたことの前提条件となります）、退職しない場合には配転や不利益処分があり得ると考えて退職を決断した（退職を選択した）のにすぎないから、強要や強迫にも当たらないとしています。

同事件のように，いったん退職の意思表示をした後にその退職の効果を争う方法として，①退職の意思表示を撤回した，②退職の意思表示に瑕疵があるから取り消す，あるいは退職の意思表示が無効である，という手法が考えられます。

①は退職の意思表示そのものには瑕疵がなかったことを前提として，ただしその意思表示が撤回されたのであるからその効果は発生しないという主張となりますので，論点はいつまでに意思表示を撤回すればよいのかということになります。退職届の撤回というテーマで取り上げられるケースも同様です。

一般に，意思表示は相手方に到達した時点で効力を生じてしまうために，撤回が認められるケースは極めて限られてきます。そこで，②のような意思表示に瑕疵があったので，無効あるいは取り消すという主張が出てくるのです。

判例で問題となったケースでいえば，客観的には懲戒解雇事由が存在しないのに，それがあるかのように労働者に誤解をさせて退職の意思表示をさせたといったケースや，客観的には理由がないのに懲戒解雇や告訴があることを告げて退職願を提出させたといったケースがあり，このような場合には錯誤による無効，あるいは強迫による取消しといった主張を認めた判例もあります（**ニシムラ事件・大阪地決昭61.10.17労判486号83頁**）。

また，労働者を長時間部屋に閉じ込めて退職を迫り，退職届を提出させたといったようなケースでは，「強迫による退職の意思表示の取消し」が認められることになると思われます。また，長時間部屋に閉じ込めないまでも，毎日，毎日，本人が拒んでいるのに退職届の提出を強引に迫ったというようなケースも同様でしょうか。

第2節 「解雇」「雇止め」

1 テーマ

解雇をめぐる事件というのは、労働事件では非常に多い紛争の一つですが、解雇や雇止めとはどのような行為なのでしょうか。

2 解雇とは、解雇に理由が必要か

民法627条1項では、雇用に期間の定めがなければ当事者はいつでも解約の申込みをなすことができ、解約の申込後2週間の経過により雇用は終了する旨を定めています。ですから、労働者側からも使用者側からも2週間の予告期間をおけば雇用契約を解消できるというのが民法上の建前になります。

この雇用契約の解消のうち、使用者側からする契約解消を「解雇」と呼びます。民法上の規定からは、解雇は特段の理由が必要というわけではなく、これを「解雇の自由」と称しています。

したがって、期間の定めのない労働契約（典型的なケースではいわゆる正社員）を解消するには、特別法である労働基準法上の手続きである30日前の解雇予告か、30日分以上の解雇予告手当を払えば自由に解雇できるということになりそうです。

しかし、このような解雇自由の原則は、判例によって実質的に修正されてきています。解雇権という使用者の権利行使も権利の濫用にわたってはならない、という一般法理（民法1条）による修正です。これが解雇権濫用法理と呼ばれているものです。

最高裁は、「普通解雇事由がある場合においても、使用者は常に解雇しうるものではなく、当該具体的な事情のもとにおいて、解雇に処することが著しく不合理であり、社会通念上相当なものとして是

認することができないときには，当該解雇の意思表示は，解雇権の濫用として無効になる」(**高知放送事件**・最二小判昭52.1.31労判268号17頁)や「使用者の解雇権の行使も，それが客観的に合理的な理由を欠き社会通念上相当として是認することができない場合には，権利の濫用として無効になる」(**日本食塩製造事件**・最二小判昭50.4.25労判227号32頁)といったように，今日まで繰り返し「社会通念上相当なものとして是認できるかどうか」といった観点から解雇を判断しています。

このように判例は，権利の濫用法理により解雇自由の原則を事実上修正していました。これを受けて労働契約法(平成20年3月1日施行)は「解雇は客観的に合理的な理由を欠き社会通念上相当であると認められない場合は，その権利を濫用したものとして，無効とする」と規定しました(16条)。したがって，裁判になれば，解雇権が濫用されていないか，解雇の合理的理由があるかという点が常に争点となるわけです。

もっとも，「社会通念上相当」「客観的に合理的な理由」「解雇に処することが著しく不合理」，といった前記判例や労働契約法の文言は一般的かつ抽象的なものであり，これらに該当するかどうかは個別事案ごとに判断されることになるのは当然です。

3 雇止めとは，雇止めは自由か

雇止めという言葉はちょっと耳慣れない言葉かもしれません。

労働契約には，今まで述べてきたような期間の定めのない労働契約もあれば，期間の定めのある労働契約もあります。契約期間を定めた場合は期間が満了すれば契約は当然に終了するのであって，当事者はこの終了について特段の事由を要求されないというのが民法の原則です。これは契約一般の法理からいえば当然のことというの

は皆さんご理解いただけると思います。したがって，労働契約も契約である以上，同様ということになるはずですが，本当にそうなのかという点が問題になるわけです。

この期間満了による契約終了のことを「雇止め」といいます。論者によっては期間満了による契約終了後に新たな契約を締結しないこと（更新をしないこと）を雇止めという人もいます。

期間の定めのある労働契約である以上，期間が満了すれば契約が終了するのは当然であって，たとえ期間の定めのある労働契約が何回更新されていようと同じというのが契約法の帰結だということを前に述べました（なお，期間の定めのある労働契約であってもその期間途中で契約を解消する場合には解雇であって，雇止めではありません）。

しかしながら，解雇自由の原則に対する判例上の修正がなされてきたのと同様に，期間の定めのある労働契約を何回か反復更新した場合には単なる期間満了というだけでは契約が終了しない場合がある，という（判例法理による）修正がなされています。

それは，期間の定めのある労働契約が反復更新されて期間の定めのない労働契約と実質的に異ならない状態となった場合や同様に反復更新されることによって，更新への期待が保護に値する状態となった場合には，更新拒絶には合理的な理由が必要とされる（単なる期間満了という理由だけではだめ）という法理です。したがって，雇止めの場合にはまず，前述の期間の定めのない労働契約と実質的に異ならない状態になっているかどうかが問題となります。

もっとも，判例は，更新を繰り返すことによって，期間の定めのある労働契約が期間の定めのない労働契約に変わるといっているのではないことに注意してください。

これらの点を含めて，雇止めが適法かどうかは，解雇の場合より

もっと具体的個別的な判断になります。なぜならば，期間の定めのある労働契約を結ぶに至った事情や契約書の管理状況，雇用をするときの言動，更新したときの言動，更新の回数など，さまざまな要素がかかわるからです。

また，雇止めを制限する「合理的な理由」が解雇の場合の「合理的な理由」と同一かどうかといえば，異なる（ハードルは低い）というのが通説です。契約期間が本来定められているからです。従って正社員の場合とは区別されるということになります。

4 具体的な判断と検討

解雇と雇止めについて検討した判例を紹介します。

労判840号52頁の**安川電機八幡工場（パート解雇）**事件（福岡高決平成14.9.18）では，3か月の雇用期間を定めた労働者（決定によれば十数年契約が更新されてきた）に対してなした契約期間途中の解雇が有効かどうか，雇止めはどうか，が争われた事案です。会社は解雇理由としていわゆる整理解雇（事業の縮小その他やむを得ない事由）を主張しています。

この点につき，裁判所は「期間の定めのある労働契約の更新拒絶の場合の解雇権濫用法理の類推」と「契約途中の契約解除の場合の解雇法理」とを区別して，次のように判示しています。

「期間の定めのある労働契約の場合は，民法628条により，原則として解除はできず，やむことを得ざる事由ある時に限り期間内解除（ただし，労働基準法20，21条による予告が必要）ができるにとどまる。したがって，就業規則9条の解雇事由の解釈にあたっても，当該解雇が，3か月の雇用期間の途中でなされなければならないほどの，やむを得ない事由の発生が必要であるというべきである。……どんなに，相手方の業績悪化が急激であったとしても，労働契約締

結からわずか5日後に、3か月間の労働期間の終了を待つことなく解雇しなければならないほどの予想外かつやむをえない事態が発生したと認めるに足りる疎明資料はない。……労働契約も契約である以上、相手方は、抗告人らとの間で期間3か月の労働契約を更新したことについての責任は負わなければならないというべきである。したがって、本件解雇は無効である」。

次に、本件解雇が無効であるとしても、裁判所が判断した時点で契約期間はすでに終了しているから、雇止めが権利の濫用となるかどうかという点について判断し、この場合の判断は前に述べた雇止めに関する一般法理に従い、抗告人のうち1人については雇止め有効、1人については雇止め無効という結論に達しています。

注意すべきは、期間の定めのある労働契約の場合、期間の定めのない労働契約と異なり、期間途中の解約(すなわち、解雇)は、逆に正社員の解雇の場合よりハードルが高いのではないか、期間の終了を待っていられない緊急性がある等、やむを得ない事由があるのかという論点が発生することです。労働契約法でも「使用者は、期間の定めのある労働契約について、やむをえない事由がある場合でなければ……解雇することができない」(17条)と規定しています。

第3節 「解雇予告手当」「解雇予告除外認定」

1 テーマ

労働基準法は、解雇に当たっての手続きとして「使用者は、労働者を解雇しようとする場合においては、少(な)くとも30日前にその予告をしなくてはならない。30日前に予告をしない使用者は、30日分以上の平均賃金を支払わなければならない。但し、天災事変その

他やむを得ない事由のために事業の継続が不可能となった場合又は労働者の責（め）に帰すべき事由に基づいて解雇する場合においては，この限りでない」と定めています（20条1項）。

この趣旨は，労働者が突然の解雇から被る生活の困窮を緩和するためのものとされています。

解雇予告手当をめぐって，争点となるのは，懲戒解雇の場合でも予告あるいは予告手当が必要なのか，予告手当の提供がない解雇は無効なのか，あるいは一定の要件のもとで有効となるのか，解雇予告除外認定（所管の労働基準監督署長の認定）を経ていない解雇は無効なのか，解雇予告手当が提供されていない場合，労働者が解雇無効を主張することもでき，あるいは解雇を有効としたうえで予告手当の請求をするという選択権があるのか，といった点です。

2 解雇予告手当の性質

まず，解雇する場合にはその原因がなんであれ，通常解雇であれ，懲戒解雇であれ，労働基準法20条が適用になりますから，30日前の予告あるいは解雇予告手当の提供が必要というのが原則となります。通常解雇の場合は比較的問題がありませんが，懲戒解雇の場合には1日も会社においておけないという状況でしょうから，30日前の予告ということは通常考えられません。したがって，即時の解雇となるわけですが，この時にも解雇予告手当が必要なのでしょうか，それとも労働者の責めに帰すべき事由だから但書の適用があり，解雇予告手当は不要なのでしょうか。

但書の適用を受けるためには労働基準監督署長の認定が必要であるとされています。これは使用者の恣意的判断による解雇の濫用を防ぐ目的から出たものですが，この労働基準監督署長の認定（一般には除外認定と呼ばれます）を受けるためにはそれなりの調査資料

や証拠を提出しなければならないわけです。そうすると，その裁定結果が出るまでに時間もかかるし，また，審査の結果，除外認定が出ないということもあり得るということになります。

したがって，懲戒解雇の場合，「即時」を重要視するならば，除外認定を受けることなく解雇予告手当を提供して懲戒解雇を行うというのが実務的なやり方ということができます。

一方，懲戒解雇は本人に責任があり，労基法20条の但書でも例外とされているのに，なんで解雇予告手当を支払わなくてはならないのだ，という疑問や怒りを持つ方もいるかもしれません。そういう方にとって問題となるのは，除外認定（これは行政処分の一つです）を受けることなく，かつ，解雇予告手当を提供することなく行った懲戒解雇の効力いかんということになります。

3 解雇予告手当と除外認定の関係

解雇予告除外認定は，予告手当を免れようとする使用者の恣意的判断を規制する意図で課せられた行政庁の処分であり，解雇予告除外事由に該当する事実が存在するか否かを確認する事実確認処分であるとされています（昭63.3.14基発150号）。

これを前提にすれば，行政庁の除外認定処分は解雇の効力発生要件ではなく，民事上，即時解雇の事由が客観的に存在するかどうかの問題であり，その要件を具備している限り解雇予告手当の支払いがない即時解雇も有効となる場合があるということになります（**日本通信社事件・最三小決昭29.9.28裁判集刑事98号847頁**）。ただし，解雇予告手当なき解雇は，民事上の効力は否定されなくても労働基準法上の違反は成立することになります。

次に，除外認定処分が行政庁の処分であるとすれば，この処分が違法になされたとして会社が労働基準監督署長を相手に処分の取消

しを求める訴え（行政訴訟）を起こすことは可能なのでしょうか？

この点について，**上野労基署長（出雲商会）事件**（東京地判平14.1.31労判825号88頁）は，次のように述べて否定しています。

「解雇予告除外事由の認定の制度は，解雇予告除外事由の存否に関する使用者の恣意的な判断を抑止するという，行政取締り上の見地から，使用者に対して……行政官庁の認識の表示を受けるべきものとしたものであって，その認識の表示自体に直接国民の権利義務を形成し又はその範囲を確定することを認めているものではない」。「したがって，解雇の効力は……認定の有無・内容にかかわりなく，専ら同法20条1項ただし書の定める客観的な解雇予告除外事由の存否によって決せられ，……行政官庁による解雇予告除外事由の認定の有無・内容は，使用者の雇用契約上の地位に何らの影響を及ぼすものではないこととなる」。「解雇予告除外事由が客観的に存在する限り，処罰されないことは上記説示のとおりである」としたうえで，結論として「本件行為は抗告訴訟の対象となる公権力の行使に当たる行為ということはできないから，原告の本件訴えは不適法というべきである」としています。

つまり，除外認定が仮に違法であっても，それによって使用者になんらかの権利侵害が生ずるわけではないから，除外認定を取り消すという行政訴訟を使用者は提起できないし，また，行政不服審査法に基づく審査請求もできないということになります。この**上野労基署長（出雲商会）事件**と同様な考え方が通説です。

4　労基法20条違反の解雇の効力

解雇予告もせず，解雇予告手当も支払わないで行った解雇の民事上の効力についてはさまざまな考え方があります。

労働基準法違反となり刑事上の責任が発生することはあり得る

が，民事上は解雇そのものは有効であるとする有効説，逆に無効であるとする説，相対的有効説（使用者が即時解雇に固執しない限り，30日経過後または解雇予告手当を支給したときのいずれか早い時点で効力が発生する）などがあり，最後の相対的有効説が最高裁判例となっています（**細谷服装事件**・最二小判昭35.3.11民集14巻3号403頁）。

5　労働者からの解雇予告手当請求

　解雇予告手当が提供されない解雇がなされた場合，労働者は解雇無効確認あるいは地位請求確認しかできないのでしょうか。あるいは，客観的には解雇が無効かもしれないがその効力を争わず，解雇予告手当を請求するという方法も可能なのでしょうか。

　判例は，「突然の解雇から被る労働者の生活の困窮を緩和するため30日前に解雇予告することを義務づけ，これを緩和するには30日分の平均賃金の支払義務を定める労基法20条の趣旨に照らし，労働者が解雇の効力を争わず，予告手当の請求をしている場合には，予告手当を支払わずに解雇を通知した使用者は，その解雇の効力を生じた時点から，解雇予告手当を支払うべき公法上の義務を負担しているというべきである。……なお，解雇予告手当は，使用者が労基法20条によって即時解雇をするための要件として法律が定めた手当であるから，労働契約によって生じる賃金ではなく，この支払義務の遅延損害金の利率は民法所定の年5パーセントの割合によるべきである」（**岡田運送事件**・東京地判平14.4.24労判828号22頁）としており，この考えが主流です。ここで述べられたように，解雇予告手当は賃金ではありませんので，会社が源泉控除して支払うことはできません。

　したがって，労働者が選択権を行使して，労働者からの解雇予告

手当請求という手法が認められることになります。

なお、余談になりますが、現在の制度では解雇そのものを争う場合、解雇が有効か無効かの二者択一しか結論はありませんが、借地借家法の立退料の考え方と同様、使用者が一定額の金銭を支払うことと引き換えに解雇を有効とするという手法（中間的解決）も、紛争解決の方法として検討すべき時期にきているように思います。

第4節 「意思表示の到達」「効力発生」

1 テーマ

労判830号52頁掲載の日経ビーピー事件を題材に、「意思表示の到達」や「意思表示の効力発生」について考えてみます。

同事件で、原告は懲戒解雇処分（被告会社が原告に対してなした平成12年3月3日付で原告を懲戒解雇するとの意思表示）につき、原告はその意思表示を受領しておらず、原告に到達していないからそもそも解雇は無効であるという主張をしています。会社が行う懲戒解雇処分も「意思表示」の一つです。

そこで、意思表示はどのような状況になっていれば相手に到達したといえるのか（その効力が発生するのか）、ということが問題になるわけです。

懲戒解雇が権利の濫用として無効となる場合がありますが、そもそも意思表示（懲戒解雇の意思表示）が相手に到達していなければ、解雇権の濫用を論ずる以前の問題として無効となってしまうわけです。

そこで、上記のように、意思表示が到達したのか否かという問題が議論されるわけです。

2 民法の原則

民法97条1項は,「隔地者に対する意思表示はその通知の相手方に到達したる時よりその効力を生ず」と,意思表示の効力に関する原則を定めています。

意思表示の伝達については,表意者がその意思を表明する段階,発信する段階,相手方に到達する段階,相手方がその内容を了知する段階の4つがある,と一般に説明されています。民法は,このうち,先の規定からみて,相手方に到達する段階をもって効力発生とする,いわゆる到達主義を定めたということになります。

したがって,意思表示が相手方に到達しなかったり,遅延が生じた場合には発信者(表意者)がその不利益を負担するわけですが,ここでいう「到達」と現実に相手方自身がそれを受領することとは別の概念です。

すなわち,いかなる状態となれば相手に意思表示が到達したと認められるかといえば,「相手方が社会通念上了知し得る客観的な状態が生じたと認められれば足りる」というのが通説です。

ちょっと難しい言い方ですが,要するに相手方自身への現実の到達(相手自身の受領)が必ずしも要求されるわけではないのです。したがって,相手方でなくても同居の親族や内縁の妻などに書類が手交された場合でもよく,また会社の場合にはその従業員が受領した場合にも会社への意思表示の到達と判断されています。

次に問題となるのは相手方が文書の受領を拒絶したりする場合,あるいは送達そのものが相手方の失踪等により不可能な場合です。このような場合は,どのように考えればよいでしょうか?

3 相手方が意思表示の受領を拒絶した場合

ひとつめの相手方が文書（意思表示）の受領を拒絶していながら，「意思表示が到達していない」としてその効力発生を否定するのはいかにもおかしいと思いませんか。

例えば，解雇されそうだと考えた労働者が，会社からの通知文書には解雇の意思表示がなされている可能性が高いとして，会社からの文書を一切受領拒絶した場合に解雇通告が効力発生しないというのはいかにも不合理でしょう。

日経ビーピー事件でも，原告は，懲戒解雇通告書を受領拒絶しているので，意思表示の到達がなく，効力が発生しないと主張しています。これに対して裁判所は，「意思表示は，相手方に到達することによりその効力が発生する（民法97条１項）が，ここでいう到達とは，一般取引上の通念により，相手方に了知し得るようにその勢力に入ることであって，現実に相手方が了知することまでは必要がないと解するのが相当である」との解釈（先に述べた通説）をしています。

そのうえで，「原告は……解雇の意思表示が原告方に向けて発信されたことを認識し，……郵便物の受取拒否をして，自己の印章を押捺したという事実経過を見れば，……原告が向島郵便局に訪れた同月７日段階では……本件懲戒解雇の意思表示を受領できたということができるのである……結果として，原告の受取拒否により，懲戒解雇通告書が被告会社に返送され，現実に原告が了知しなくても，原告に到達したというのに何ら障害は存しない」と述べて，懲戒解雇の意思表示は原告に到達したというように判断しています。本件の事実経過をみれば，このことは当然といえるでしょう。

したがって，意思表示の受領を相手方が意図的に拒絶したとして

も，意思表示が到達したとみなされるケースがあるということになります。

4 意思表示の送達が不可能な場合

問題となるもうひとつのケースは，相手方が行方不明等により意思表示を送達することが不可能な場合です。このようなケースではどうすればよいのでしょうか？

まず思い浮かぶのは民法97条の2による公示送達という方法です。公示の方法は民事訴訟法の規定に従い裁判所の掲示場に掲示し，その掲示をしたことを官報等や官庁等の掲示場に掲示するという方法であり，相手方の最後の住所地を管轄する簡易裁判所で行うことになります。

そして，掲載または掲載に代わる掲示を始めた日より2週間経過した時点で相手方に到達したとみなされるわけですが，いかにも手続きとして面倒くさい，大変だと思いませんか？　もっと簡便な方法はないのでしょうか？

法律上はこれ以外の方法は規定されていませんので，許されないようにも思われます。しかし，相手方が失踪する前に，当事者間で意思表示の送達方法につき合意した場合においてこの合意の効力を否定する理由もないと思われます。

例えば，銀行取引約定などにおいて「住所の変更を債務者が届け出なかった場合においては，届け出た住所地に書類を郵送した場合には通常の期間で到達したものとみなす」といった具合に事前に約束しておけば，万一住所変更により書類が送達できなかったとしても送達の効力を認めてもよいと考えられています。

本件とは事例を異にしますが，県の職員が失踪してしまい無断欠勤を理由として懲戒免職した場合の免職の意思表示につき，大阪高

裁は，民法97条の2所定の意思表示手続がとられておらず，また地方公務員の免職処分につき公示の方法による意思表示を行うことができるとの法令の規定はないから，兵庫県がとった人事発令通知書・処分説明書の職員の妻への交付および県公報への掲載という措置だけでは免職処分の効力を生じさせることはできないとして，免職の意思表示の到達の効力は生じないと判断しました（**兵庫県社土木事務所事件・大阪高判平8.11.26労判765号9頁**）。

しかし，最高裁はこれを否定し，兵庫県では従前から所在不明の職員に対する懲戒免職手続について，辞令および処分説明書を家族に送達するとともに処分の内容を公報に掲載するという方法で行ってきたのであり，職員は自らの意思により出奔し無断欠勤を続けたものであるから，この方法によって懲戒免職処分をされることを十分に了知し得たものというのが相当であるとして，懲戒免職処分の送達の効力を認めました（**兵庫県社土木事務所事件・最一小判平11.7.15労判765号7頁**）。

大阪高裁のような考え方はあまりに厳格すぎるものであり，実態とは遊離しているものと思いますので，最高裁の判断のほうが妥当でしょう。

したがって，このように法令に規定がなくとも，送達に関して規程等があり公示送達に代わる一定の方法を従前からとっており，そのことを相手方が知っている場合には，この手続きをとることによって意思表示の到達が認められるということになります。

ですから，実務的には，あらかじめ就業規則等において，「失踪した従業員に対する意思表示の送達は以下のような方法をもって行い，いついつ効力が発生したものとみなす」といった規定を置いておけば，その方法をとれば足り，必ずしも民法所定の公示送達手続をとらなくてもよいと思います。

第5節 「定年」「継続雇用制度」

1 テーマ

牛根漁業協同組合事件（鹿児島地判平16.10.21労判884号30頁）などを題材に，「定年」について述べてみます。

また，それに関連して平成18年改正の高年齢者雇用安定法の定年延長や再雇用等の雇用継続措置についても触れたいと思います。

2 定年とは，定年制をめぐって

定年（定年制）というのは，労働者がある年齢に達したときに労働契約が終了するという制度です。定年年齢に達したときは自動的に（当然に）退職となる制度（定年退職制）と，定年年齢に達したときは会社が解雇をすることによって労働契約が終了する制度（定年解雇制）の２種類がありますが，定年を自動退職事由とする制度のほうが圧倒的に多いと思われます。

定年年齢に関する法規として，高年齢者雇用安定法があり，平成10年４月１日からは60歳を定年年齢の最低基準として定めています。本事例はこの点で問題になったわけです。

その前に，そもそも論として，定年制自体が違法であるという考え方もないわけではありません。その根拠は，一つは年齢による差別である，もう一つは年齢のみを理由として労働契約を強制的に終了させるものであるから，労働能力や適性があってもそのことと関係なく労働契約が終了するのは合理性がない，というものです。

これに対して，日本の雇用慣行からすれば長期雇用や年功的賃金制度の反面として，新陳代謝のためやむを得ざる制度であって，定年制は合理性を有するというのが判例の考え方です。

定年をめぐる争い（パターン）としては，定年後の再雇用が特定の者を排除しており差別取扱いであるか，定年後の再雇用が労使慣行等により労働者の権利となっているか，などといった紛争が従来からありました。

最近は，定年延長に伴って従来の定年年齢以降の労働条件を低下させた場合（大抵は賃金です），それが不利益変更であるのか，不利益変更であるとしても合理性があり適法であるのか，といった紛争も多くなっています。

かつては男女間で定年年齢が異なることが許されるかといったテーマもありましたが，現在ではほとんど論議されることはありません。しかし，原則として60歳定年であるが特定の職種のみはそれと異なる定年年齢を定める（例えば，特定の職種のみ40歳定年制とする）という若年定年制が適法か，という議論は残っていると思われます。

3　本件事例の検討

本件は，上記のとおり平成10年4月1日から高年齢者雇用安定法により60歳定年が強行規定となったにもかかわらず，事業主が58歳定年としていたことがまず問題となりました。

強行規定である以上，60歳未満の定年を定めてもそれが無効であることはいうまでもありませんが，本件のように58歳定年規定が無効となった場合，定年は何歳となるのでしょうか。一つの考え方は，高年齢者雇用安定法により60歳未満の定めは無効となるが，一方，最低基準を60歳と同法が定めているのであるから58歳定年が無効となれば60歳定年となる，という考え方です。もう一つは，高年齢者雇用安定法は，「定年の定めをする場合には，当該定年は，60歳を下まわることができない」（同法8条）と規定しているのであって，定

年は60歳であると規定しているのではない等の理由から，60歳未満の定年を定めた場合はそれが無効となり，定年の定めがないこととなる，という考え方です。

この二つの考え方は両方とも成り立つと思いますが，本件判旨は「平成６年の高年齢者等の雇用の安定等に関する法律の改正により，平成10年４月１日以降，60歳以上の定年制が義務化されることとなった。そして，同日以降，同法律の定めるところよりも労働者に不利な定めをする就業規則等の当該条項は無効となる。」「被告においては，平成12年に改正されるまで就業規則においては58歳の定年が定められていたが，平成10年４月１日以降，58歳の定年を定める就業規則の当該部分は無効となり，被告においては定年制の定めがない状態になっていたと解される。」とほとんど理由も付さずに，後者（定年制の定めがないことになる）の考え方を採用しています。

そうなると，定年がないはずにもかかわらず，新たに定年を定め58歳以降基本給等の減額をする条項を定めることは就業規則の不利益変更に当たることになり，その合理性の存否が問題となります。

この点について，判旨は「以上によれば，本件は，従業員に対する不利益の程度が小さくないにも関わらず，当時，被告においてそのような程度の不利益を負わせるだけの経営上の必要性があったとはいい難い。それに加えて，とりあえず適用される原告が反対している状況で被告が原告に十分な説明をしたとは認められないし，制度導入と実施時期が極めて近接し経過措置もなかった。したがって，本件賃金減額条項は，少なくとも平成13年１月から適用されるとするには内容に合理性があるとは認められず，同条項は無効である」としています。つまり，不利益変更であり，かつ，その合理性がないという判断をしています。

その結果，「上記のとおり，本件賃金減額条項は無効である。そし

て，前記に述べたところにより，原告は，平成13年1月以降も57歳当時の基本給と同額の賃金を得ることができる。原告は平成13年以降も昇給があることを前提の請求もするが，被告には昇給の方法について規則等はなく，またその方法について慣例があったことも認めるに足りないので，平成13年1月以降，原告に昇給があったことを認めるには足りない。したがって，原告は平成14年12月まで，57歳当時の基本給である39万1000円を前提とした賃金等を得ることができるとするのが相当である。」として原告の未払賃金請求を認めています。

4 高年齢者雇用安定法の改正とその効力

高年齢者雇用安定法が平成18年に改正され，上記60歳定年部分について60歳以降65歳までの雇用確保措置を使用者はとらなければならない，というように改正されました（9条）。

これは，年金支給開始年齢が65歳へと変更になるのと歩調を合わせて，60歳以降の雇用確保を目指したものといわれています。一方，従来からの「定年は60歳を下まわることができない」旨の規定（8条）は維持されています。この二つの関係はどのようになるのでしょうか。

9条により，使用者は平成18年4月1日以降平成25年4月までに，65歳までの定年年齢の引上げや継続雇用制度の措置を段階的にとることになります。ただし，この規定は，事業主に対して定年の廃止，定年年齢の引上げ，継続雇用制度の導入を義務づけているのであって，私法上の権利義務として個別の労働者について65歳までの雇用義務が課されているわけではありません。つまり，労働者が権利として65歳まで就労することを要求できるというわけではありません。あくまで60歳定年規定は有効なのです。

したがって，60歳定年を理由に60歳で退職としても，それが同法違反により無効となるわけではありません。
　しかし，継続雇用措置の導入等がなされていない場合には，高年齢者雇用安定法違反として行政官庁から助言や指導あるいは勧告がなされることになります。
　なお，同法で求めている雇用継続制度については，定年の廃止，定年年齢の延長，再雇用等がありますが，定年でいったん雇用が終了したうえで新たな労働契約を締結する「再雇用」と「定年年齢の延長」とは，概念が異なりますので注意をしてください。定年年齢の延長とは60歳定年を65歳定年とするといったように，定年年齢そのものを変更することであり，60歳でいったん退職するわけではないのです。
　また，再雇用制度を採用した場合，定年までの労働条件と同一でなくてもかまいません。労働条件について他の法律に反しない限度で，労働者と事業主間で合意すればよいのです。再雇用後の労働条件について，双方の合意が得られない可能性もありますが，そのような場合にも高年齢者雇用安定法違反となるわけではありません。

第5章
労働災害・メンタルヘルス

第1節 「職場環境配慮義務」

1 テーマ

「職場環境配慮義務」という言葉は最近判例上で登場した言葉であり、主としてセクシュアルハラスメント（以下、セクハラ）あるいはパワーハラスメントをめぐる事件において使われている用語です。

しかしながら、後に述べるように、職場環境配慮義務とはいかなる概念なのか、いかなる意味を包含する言葉なのかについては成熟した共通認識があるとはいえず、いまだ「発展途上」の用語といわざるをえません。

そこで、セクハラ裁判との関係でこれについて述べてみます。

2 判例におけるセクシュアルハラスメント

セクシュアルハラスメントを直訳すれば「性的嫌がらせ」となります。そこで、性的嫌がらせを受けた者はそのような行為をした者に対して損害賠償請求を行えることはいうまでもありませんが、その損害賠償請求の法的構成は従来不法行為に基づく請求と考えられていました。すなわち、直接行為者に対しては民法709条による不

法行為請求、その雇用主である会社（事業主）に対しては民法715条に基づく使用者責任の追及という構成をとっており、その意味では「性的嫌がらせ」であろうが「性的以外の嫌がらせ」であろうが、違法な権利侵害として同様な論理構成であったわけです。

したがって、民法709条と715条の関係で、直接行為者（加害者）は常に責任を負うが、使用者は責任を負わないという事例も出てくるのはある意味では当然の結果であったわけです。

これらの不法行為構成に一石を投じた判例が**福岡セクシャル・ハラスメント事件**（福岡地判平4.4.16労判607号6頁）です。

3 職場環境配慮義務という概念の登場

この福岡セクシャル・ハラスメント事件は編集長が女性社員を会社内外において非難する発言を繰り返したため退職を余儀なくされたとして、当事者である編集長と会社に対して損害賠償請求（慰謝料と弁護士費用）を求めた事案ですが、裁判所は不法行為構成をとりつつ（したがって、その意味では従来の使用者責任論で足りたにもかかわらず）、「使用者は、……労務遂行に関連して被用者の人格的尊厳を侵しその労務提供に重大な支障を来す事由が発生することを防ぎ、またはこれに適切に対処して、職場が被用者にとって働きやすい環境を保つよう配慮する注意義務もあると解される」として、この注意義務を怠ったことを理由に会社が不法行為責任を負うとしたのです。この判例を契機に上記の注意義務をめぐってさまざまな考え方が登場してきたのです。

4 その後の判例をめぐる諸問題

福岡セクシャル・ハラスメント事件を契機に、職場環境配慮義務あるいはそれに類する義務について問題とされるようになりました

が、いまだ概念として成熟したものとはいえないと思います。

例えば、**京都セクシュアル・ハラスメント（呉服販売会社）事件**（京都地判平9.4.17労判716号49頁）では、「雇用契約に付随して原告のプライバシーが侵害されることがないように職場の環境を整える義務」「雇用契約に付随して、原告がその意に反して退職することがないように職場の環境を整える義務」が使用者にあるとしており、職場環境配慮義務として上記2つをその内容としています。

三重セクシュアル・ハラスメント（厚生農協連合会）事件（津地判平9.11.5労判729号54頁）では、「労働契約上の付随義務として信義則上職場環境配慮義務、すなわち被用者にとって働きやすい職場環境を保つように配慮すべき義務」がその内容であるとしています。

仙台セクハラ（自動車販売会社）事件（仙台地判平13.3.26労判808号13頁）では、「良好な職場環境の下で労務に従事できるよう施設を整備すべき義務」と「労務の提供に関して良好な職場環境の維持確保に配慮すべき義務」と「職場環境を侵害する事件が発生した場合、誠実かつ適切な事後措置をとり、その事案にかかる事実関係を迅速かつ正確に調査すること及び事案に誠実かつ適正に対処する義務」とを区分して論じています。

このように、各判例ごとに職場環境配慮義務といっても定義や内容は一律ではなく、さまざまな概念を包含しており、これ以外にも使用者に何らかの配慮義務が認められる可能性もあることになります。

5 職場環境配慮義務の概念と問題点

判例でいうこの義務は、その根拠について「雇用契約に付随する」「雇用契約上」と述べるだけでそれ以外の根拠は示していません。その意味では、最高裁が確立した「安全配慮義務」に類似している

といえないこともありません。

　安全配慮義務について最高裁は「ある法律関係に基づいて特別な社会的接触の関係に入った当事者間において当該法律関係の付随的義務として……信義則上負う義務」(**陸上自衛隊事件・最三小判昭50.2.25労判222号13頁**) であり，「労働者が労務の提供のため設置する場所，設備もしくは器具等を使用し又は使用者の指示のもとに労務を提供する過程において，労働者の生命および身体等を危険から保護するように配慮すべき義務」(**川義事件・最三小判昭59.4.10労判429号12頁**) であると定義しています。

　この安全配慮義務は，最高裁の判例で確立されたものですが（現在では労働契約法5条に規定されました），「労働者の生命及び身体を危険から保護する」義務にとどまるものであり，また，安全配慮義務違反の内容を特定しかつ義務違反に該当する事実を主張立証する責任は原告にあるとしている点（**航空自衛隊芦屋分遣隊事件・最二小判昭56.2.16民集35巻1号56頁**）を忘れてはなりません。

　一方，本稿で述べている職場環境配慮義務は，上記安全配慮義務と比べてもその概念も効果も不明確であり，いってみれば，裁判所が「良好な職場環境が害された」と判断したら会社の負けという結果責任に近いような気がします。

　安全配慮義務のように，労働者の生命身体を危険から保護するといえばある程度明確ですが，労働者の「働きやすい職場環境」「その意に反して退職することがないよう職場の環境を整える」などといわれても，単なるスローガンにすぎないのではないかとも思います。

　不法行為構成の損害賠償であれば，権利ないしは保護に値する利益とは何か，違法な侵害があったか，相当因果関係があったか，故意過失があったかといったように，その要件について昔から比較的厳密に論じられてきました。

それに比べて、職場環境配慮義務違反というのは、事業主そのものの労働者に対する債務不履行という構成になりますから、使用者責任のように直接的加害者を介しての責任ではなく、使用者それ自体の義務違反ということになります。にもかかわらず、このような曖昧な概念で使用者の義務違反を問われてよいのかと思います。

このことを端的に示した判例として、前記三重セクシュアル・ハラスメント事件があります。同事件は、上司の行為が個人的な行為であり業務を契機としてなされたものではなく、業務との密接な関連性は認められないとして（不法行為法上の）使用者責任を否定しつつ、一方で使用者が原告の上司の言動につき適切な措置をとらなかった結果、原告に対する侵害行為を招いたとして職場環境配慮義務違反、すなわち、債務不履行責任を認めているのです。

このように、不法行為法上の使用者責任が否定されつつ、使用者の債務不履行責任が認められるという傾向になるとすれば、より一層使用者の債務不履行の前提たる職場環境配慮義務の内容につき、明確なものが求められることになるといわなければなりません。

なお、雇用機会均等法（雇用の分野における男女の均等な機会及び待遇の確保等に関する法律）11条は、「事業主は、職場において行われる性的な言動に対するその雇用する労働者の対応により当該労働者がその労働条件につき不利益を受け、又は当該性的な言動により当該労働者の就業環境が害されることのないよう……雇用管理上必要な措置を講じなければならない」と定めていますが、これは事業主について労働者に対する職場における性的な言動に起因する問題への措置を求めたものであり、それ以外の言動（例えば、性的でない言動による嫌がらせ、職場外での嫌がらせ）が民法上不問に付されるというわけではありませんので、注意してください。

第2節 「債務不履行と過失相殺」「損害の公平分担」

1 テーマ

債務不履行と過失相殺，その適用ないし類推適用，損害の公平な分担ということは，労働事件に限らず，一般の民事事件でもよく登場する場面です。

2 過失相殺とは

まず「過失相殺」とはどのような概念なのでしょうか。

簡単にいえば，損害の発生または拡大について被害者（債権者）にも落ち度があった場合には，裁判所は公平な立場から（損害の公平な分担から，と言うこともあります），この落ち度を考慮して損害賠償の責任や損害賠償金額を調整（減縮）させる制度です。したがって，債務の消滅原因たる相殺（民法505条）とは全く異なりますので，注意が必要です。

過失相殺には2種類あります。債務不履行における過失相殺（民法418条）と不法行為における過失相殺（民法722条）ですが，両者は条文上は微妙に異なっています。418条は「債務の不履行に関し債権者に過失ありたるときは裁判所は損害賠償の責任及びその金額を定むるに付きこれを斟酌す」と規定され，722条2項は「被害者に過失ありたるときは裁判所は損害賠償の額を定むるに付きこれを斟酌することを得」と規定されています。

素直に条文を読めば，同じ過失相殺といっても，債務不履行の場合は金額だけではなく責任自体も斟酌できる（その結果，責任の否定も可能）が，不法行為の場合は金額だけしか斟酌できない（その結果，責任は否定できない）し，また，不法行為の場合は「斟酌す

ることを得」となっているので、債務不履行の場合と異なり、過失があったとしても斟酌するかどうかは裁判所の自由裁量である（その結果、斟酌しないこともできる）、という違いがあると読めそうです。

しかし、現在の多数説は、後で述べるように、過失相殺という制度を信義誠実の原則・損害の公平分担の原則から考えれば、債務不履行と不法行為の過失相殺において差異を設ける合理性はないとしています。

とすれば上記「債権者の過失」「被害者の過失」とはいかなるものをいうか、そしてどのような基準や割合で「過失相殺」がなされるのかということが、実務上の争点になります。

3 過失相殺での過失とは

不法行為に基づく損害賠償請求の場合、相手方に故意または過失があることが必要ですが（民法709条）、この不法行為責任を負う「過失」と過失相殺の「過失」とは同じ概念なのでしょうか。

これについて、過失相殺の場合は不法行為責任を負う際の過失レベルである必要はなく、単なる不注意であってもよいというのが通説です。そして、被害者に責任能力も必要ではないとされています。さらに、被害者本人に過失はないが、いわゆる被害者側（監督義務者などの近親者など）に「過失」があって損害が拡大した場合にも過失相殺できるとされています。

結局、相手の責任を問う場合の「過失」と異なり、過失相殺の場合は、裁判所が損害賠償額を算定するに当たって公平の観念や信義則の立場に立って、加害者に実損額全額を賠償させるのは適当ではないという場合に過失相殺という方法あるいは言葉を使って賠償額を減縮する（調整する）、というのに等しいといえます。

4 具体的事例

　これらの点を具体的事例に即して検討してみます。不法行為事案ではありませんが、**榎並工務店（脳梗塞死損害賠償）事件**（大阪高判平15.5.29労判858号93頁、その原審である大阪地判平14.4.15労判858号105頁）を例として、いわゆる安全配慮義務違反に基づく債務不履行請求の場合に過失相殺をどのように判示しているかをみてみます。

　この事件の大阪高裁の判示では「以上によれば、太郎が脳塞栓に罹患して死亡したことによる損害を全て一審被告に賠償させることは、労使関係の非対等性を十分考慮しても、なお、損害の公平な分担という法の趣旨に鑑み相当とはいえない。したがって、本件については、過失相殺について規定した民法418条を適用ないし類推適用し、前記認定の本件における業務の過重性の程度や労務提供期間、その他太郎及び一審被告双方の諸般の事情を総合考慮して、太郎が一審被告の安全配慮義務違反により被った損害額から4割を減じた額について、一審被告は賠償責任を負うと解するのが相当である」と判示しています。先ほど述べたように、被告に実損額全額を賠償させることは損害の公平な分担にはならないとして、民法418条を適用ないし類推適用するというわけです。

　条文そのものを「適用」することと「類推適用」することは異なると思われますが、要するに被害者の事情・状況もあって被害の拡大・要因となったことを考慮したものです。ここまでも「過失相殺」という概念に含まれるのかどうか疑問になるかもしれません。むしろ、信義則そのものの適用に近いと思われますが、信義則の原則だけではあまりに根拠が薄弱なため、過失相殺の法理を使ったものと思われます。

この事件の原審である大阪地裁は、次のように述べています。

「ところで、前記太郎の健康状態、業務実態等からすると、太郎の脳塞栓は、被告における業務によって太郎に蓄積した疲労のみが原因となったわけではなく、太郎の心房細動、高脂血症、飲酒といった太郎の身体的要因ないし生活習慣もその原因となったことは否定できないところである。特に、太郎の脳塞栓は心原性のものであり、その発症機序に心房細動が大きく関与していると考えられる。そして、前記のとおり、被告は太郎に対し、安全配慮義務を負っており、個々の労働者の健康状態を把握した上で、被告の業務によって労働者の健康状態を悪化させない等の配慮を行うべきであるものの、他面、労働者自身もまた、自己の健康を保持すべきであるところ、太郎は平成6年及び7年7月7日の予防検診において、心房細動で治療を必要とするとの所見を示されたのであるから、過去において胸内苦悶や不整脈といった心臓に由来する疾病等の経験を有していた太郎としては、上記検診で指摘を受けた点について治療を受けるべきであったということができる（太郎の休日数からすればそのことは十分可能であったと考えられる）。しかるに、証拠（原告花子本人）によれば、太郎は、上記所見を受けてから脳塞栓を発症するまでの間、心房細動に関する治療を受けなかったと認められる。

これらのことからすると、太郎の損害の全額を被告に賠償させることは衡平を欠き相当でないから、民法418条を適用及び類推適用し、業務過重性の程度、期間などの外被告と太郎双方の諸般の事情を総合考慮して、太郎の損害額の3分の1をもって、被告が安全配慮義務違反に基づき賠償すべき損害額と認めるのが相当である」

これも、大阪高裁の判示と考え方は同じです。

5　過失相殺の割合

　過失相殺の法理や基準により過失相殺する場合，その割合ないし基準はどのようになるのでしょうか。

　前記**榎並工務店事件**でいえば，大阪地裁は実損額の3分の1（すなわち，3分の2を過失相殺）とし，大阪高裁は実損額の6割（すなわち，4割を過失相殺）としました。

　しかしながら，どうしてこのように斟酌の割合が異なってくるのかは判然としません。地裁も高裁も同じような項目（要素）を総合考慮しているにもかかわらず（ただし，高裁は「太郎の身体的な素因等それ自体を過失相殺等の減額事由とすることは許されない」としていますが），結果はかなり違います。

　実はこのような事例は少なくないのです。

　判決で過失相殺をするときは，事案に応じてこのように何分の1とか，何割とか，何パーセントとかという形で実損額から控除・斟酌される金額を示すわけですが，この割合（率）自体の根拠を示すことは必要でないとされていますので，結局答えだけがいきなり出てくるということになります。

　交通事故のような多くの事例があるケースではある程度過失相殺の基準がありますが，安全配慮義務違反などのようなケースでは事案ごとにその根拠を具体的に示すことができないからかもしれません。事案ごとの裁判所の裁量ということでしょうか。

第5章　労働災害・メンタルヘルス

第3節　「条件関係」「相当因果関係」「予見可能性」

1　テーマ

　JR福知山線の死亡事故をきっかけにテレビ等でも話題になった日勤教育に関するJR西日本尼崎電車区事件（大阪地判平17.2.21労判892号59頁）を題材に、原因と結果における「条件関係」「相当因果関係」、「予見可能性」といった用語について説明します。

　条件関係という言葉はあまり一般的でないかもしれませんが、相当因果関係や予見可能性という言葉は、法律用語としては比較的よく耳にする言葉ではないでしょうか。これらが法律上どのような意味を持つのか、ということについてです。

2　行為と結果についての原則

　不法行為の一般原則を定める民法709条は、加害者は被害者に対して、ある行為に「よって生じた損害を賠償する責任を負う」旨規定しています。つまり、不法行為責任を負うためには、加害者の行為と被害者の損害の間に「行為によって生じた」ことが必要なのです。この「よって」のことを、法律上、因果関係又は因果関係が必要であると称します。

　債務不履行責任の場合は、「これによって通常生ずべき損害の賠償をさせる」とされており、かつ「特別の事情によって生じた損害であっても、当事者がその事情を予見し、又は予見することができたとき」は賠償の対象となると定められています（民法416条）から、ほぼ同様です。

　ところで、因果関係という用語には2種類あります。まず1つは、事実的因果関係といわれるもので、ある行為があったがゆえに、損

害が発生したというものです（逆にいえば，その行為がなければ損害は発生しなかったということになります）。この事実的因果関係を条件関係と呼ぶこともあります。つまりこの存在がなければ，責任を云々することはできません。

次に，事実的因果関係が存在することを前提に，法的な価値判断を加えて，行為と損害の関係について，賠償をさせるに値するほどの（賠償を正当化するほどの）関係にあるかという判断が相当因果関係といわれるものです。ですから一定の価値判断（評価）が入ることになります。相当因果関係は，法律上の因果関係と呼ばれることもあります。

事実的因果関係（条件関係）は，ある意味で際限なく広がっていく可能性がありますから，この存在だけで賠償責任を負うことになると不測の事態を招きかねませんので，法的な評価を加えて一定の範囲に絞ろうというものが相当因果関係論です。

よくある説明例が，自動車の運転者が人をはねてケガを負わせた，その被害者が病院に行ったところ，病院の医師等のミスで死んでしまったというケースです。運転者の運転行為と被害者の死亡との間に条件関係があることは間違いありません（自動車事故がなければ病院に行くこともなく，したがって，ミスで死ぬこともなかったのですから）が，医療ミスによる死亡の責任まで運転者に負わせてよいのかというのが相当因果関係の問題なのです。

3 本件での条件関係，相当因果関係

本件は，職員が自殺をした原因が会社の行った日勤教育にあるとして，損害賠償を求めた事案です。もっと正確にいえば，日勤教育によってうつ病状態に陥り，自殺したのであり，会社には労働契約上の安全配慮義務違反があったとして損害賠償を請求した事案です。

まず，問題になるのは自殺の原因です。ところが，自殺一般の通例なのですが，なんで自殺したのかという本当の原因はわからないことが多いのです。仮に遺書があったとしてもそれを全面的に信用するということができない状況も多いし，ましてや，突然自殺した場合などは，後からいろいろ考えてこうであろうとした「原因」は所詮は推論や推測にすぎないというべきでしょう。

　この点について，本件は「一郎の身体の健康状態に特に問題はなく，日勤教育を受ける前から何らかの精神病に罹患していたとも，自殺に結びつくような悩みを有していたとも認められず，日勤教育を受けていたこと以外に一郎の精神状態を悪化させる原因は考え難いこと」などを述べたうえで，「一郎が自殺を決意するに至った心理的メカニズムやそのときの精神状態について不明な点はあるものの」としつつ，「日勤教育におけるレポート作成を苦痛に感じ，また，知悉度テストの成績の悪かったことについて無力感を味わっていたところ，日勤教育が長期化することに悲観，絶望し，……衝動的に自殺を敢行したものと推認するしかない。」としています。要するに，「推認」したということなのです。

　こういう推認をすれば，当然，日勤教育と自殺の間には条件関係（事実的因果関係）があることになります。したがって，問題は相当因果関係があるかということになります。

　裁判所が，「以上のとおり，日勤教育と一郎の自殺との間に条件関係のあることは否定できないと考えられるところ，権利侵害行為と結果（損害発生）との間に法律上の因果関係があるというためには，単に条件関係があるのみならず，行為と損害発生との間にいわゆる相当因果関係があると認められることを要すると解すべきである」と述べているのは，これまで述べてきた意味なのです。

4 相当因果関係と結果予見可能性

ところで、相当因果関係があるとするためには、加害者の行為から被害者の損害が発生した（発生する）ということについて、加害者が予見できたこと、少なくとも予見する可能性があったことが必要とされています。予見可能性すらないのであれば、法律上、加害者の責任とするわけにはいかないからです。

本件でいえば、「日勤教育の実施によって、一郎が精神状態を悪化させ、その結果自殺したという結果について予見可能であったかどうか」ということが争点になります。もっとも、この点について、日勤教育の実施によって一郎が精神状態を悪化させることの予見可能性があれば足り、精神状態が悪化してうつ病状態になれば自殺は当然予見できるから自殺についての予見可能性はいらないという考え方もあるかもしれません。このように、予見可能性については、その対象範囲をめぐって争いがあります。

裁判所は、「使用者が、被用者に対し、指導・教育を行ったことにより、あるいは指導・教育方法の誤り等で被用者を精神的に追い詰め、精神状態を悪化させたことによるものであるとしても、指導・教育を行ったり、その方法の誤り等によって被用者が精神状態を悪化させて自殺するに至るということは、極めて特異な出来事というべきであって、通常生ずべき結果ではないというべきである」という前提をおき、「前記の一郎に対する日勤教育を命ずるに至った経緯、日勤教育の内容及び方法、1日当たりの日勤教育の時間及び日勤教育が行われた期間等を考慮すると、日勤教育の指定ないし実施と一郎の自殺との間に法律上の因果関係があるというためには、被告Ａ、同Ｂ、同Ｃ又はＥ助役あるいは被告会社において、日勤教育を命じ、これを受けさせたことによって一郎が精神状態を悪化させ、

その結果自殺したという結果について予見可能であったことを要するというべきである」としています。

　そのうえで，種々の事実を検討した結果，「一郎が日勤教育を受けていた当時，被告A，同B，同Cはもとより，日勤教育を直接担当し，身近に接していたE助役において，その管理者として十分な注意を払っても，一郎が3日間の日勤教育によって精神状態を悪化させ，自殺するに至ったことについて予見可能であったとは，およそ認めることはできないというべきである。」「したがって，日勤教育と一郎の自殺との間の相当因果関係を認めることができない」として，被告会社の責任を否定しました。

　自殺は，外形上あくまで本人の選択（決断）であり，本人のみの行為であること，本当の原因はよくわからないことが普通であることから，精神的な疾病にかかっていてそれを加害者が知っていたというならいざしれず，そうでなければ当人が自殺することについて他人が予見可能であった（予見可能性があった）とはなかなかいえない，ということになるのだろうと思います。

第4節　「逸失利益」

1　テーマ

　「逸失利益」（いっしつりえき）という言葉は労働事件でいえば，損害賠償請求や労災補償をめぐる請求では必ず出てくる用語です。逸失利益というのは不法行為や債務不履行がなければ得られた利益（即ち，それによって喪失した利益）ですから，損害を論ずる場合必ず登場します。したがって，労働事件に特有の用語ではなく，交通事故等に基づく損害賠償事件など損害論の中心テーマとなるもので

す。

　逸失利益という言葉と同じように使われるものとして「消極（的）損害」という言葉もあります。積極損害と対比する用語として使われ，逸失利益は消極損害だといわれています。しかし，障害を受けた被害者が仕事ができず給料や報酬を受けられなかったという場合，逸失利益ということはできますが，賃金請求権や報酬請求権の喪失という意味では積極損害でしょう。現在ではあまり積極損害・消極損害という分類は使われていないようです。

2　逸失利益の算定方法

　逸失利益というのはどのように算定するのでしょうか。研修医が死亡したことによる損害賠償事件（**関西医科大学研修医〔過労死損害賠償〕事件**・大阪地判平14.2.25労判827号133頁）を例にとって説明します。

　そこでは逸失利益として，基礎収入，生活費控除率，就労可能年数，中間利息控除の各項目があげられ，それらを基に算出しています。「基礎収入」については，死亡者が医師国家試験に合格し研修中であったことを前提に男性医師の平均年間給与額12,131,300円の収入を得られる蓋然性があるとしています。「生活費控除率」については，50％としています。「就労可能年数」については，研修を終える27歳から67歳まで就労可能であるとしています。「中間利息控除」については，ライプニッツ式で計算していますが，この中間利息控除というのは将来の一定時期ごとに取得されるべき金額を単純に合算したのでは判決時点での金額より多くなってしまいますので，その合算額を現在の評価換算するために中間利息を控除するというものです。

　同事件でこれらの項目を係数として，「12,131,300円」×「1－

第5章 労働災害・メンタルヘルス

0.5」×ライプニッツ係数（16.3420）＝99,124,852円を逸失利益としています。

3 逸失利益の内容と検討

2の算定方法からわかるように，将来得られるであろう収入，将来働けるであろう年齢，生活費をこれぐらいであろうと，いずれも想定して算出するのですから，いってみれば壮大なフィクションということになります。同事件でいえば，死亡した研修医は男性医師の平均給与額より多く稼げるかもしれませんし，少ないかもしれません。また，67歳まで就労可能としていますが，この点も同様でしょう。さらに，結婚するのかどうか，子供を何人持つのか，親の扶養をするのかどうかもわからないのですから生活費の控除率など不明というのが本当なのです。しかし，そういうことをいって「将来のことはわからないから算出できない」から，逸失利益の算定不能＝ゼロというのでは到底納得がいかないでしょう。

そこで，例えば就労可能年数（被害者があと何年稼動できたか）は統計を基に一応67歳までは働けるとみて算出しようということなのです。したがって，一般の交通事故でも「67歳」という就労可能年齢をとるのが圧倒的です。生活費控除率も，被害者が世帯主であるか，男性であるか，女性であるか，幼児であるかといったようないくつかの分類をして，控除率として30％から50％を適用するということなのです。

逸失利益算定の一番の問題は基礎収入をどのように捉えるかということです。同事件のように国家試験に合格した研修医であれば，男性医師としての平均年間給与を基準とすることにあまり抵抗はないかもしれませんが，一般的には難しい点が多いのです。

将来の得べかりし収入を算出するのですから，事故当時の収入を

基礎として算出するというのが原則となります。したがって、給与所得者であれば給与金額、事業所得者であれば申告所得額ということになります。しかし、無職者はどうなるのか、学生はどうなるのか、幼児はどうなるのか、主婦はどうなるのかといったような問題が次から次へとでてきます。これらの点については賃金センサス（年齢別、男女別、学歴別、産業別等に区分した賃金額表）に基づいて算出をしていくことになります。

結局のところ現実に所得を得ていない人についてどのような収入を得られる蓋然性があるかというフィクションを考えるということになるのです。より合理的な想定（収入）はどれかという問題になります。

そこで、収入の基礎として何を考えるかという点で最近問題になった例を2つあげておきます。

一つは、被害者が事故により後遺障害を負ったが事故前と比較して収入が減っていないという場合に逸失利益は存在しないといえるかという問題です。二つ目は、女性年少者の逸失利益算定に当たって女性労働者の全年齢平均賃金を基礎収入とするのか、男女を合わせた全労働者の平均賃金を基礎収入とするのかという問題です。後の問題は男女差別の問題とも関連してマスコミ等でも報道されたことをご記憶の方もおられるのではないでしょうか。

4 収入の減少がないように見える事例と逸失利益

この問題について、事故当時の収入を上回る賃金を得ているから逸失利益はないとの会社主張に対し「後遺障害は重大なもので原告の労働能力に及ぼす影響は大きく、……一見減収がないように見えるのは主として、原告が被告よりも給与水準の高い会社に就職したものによるものである……就職するについては左手のみで自動車を

運転できる……といった原告の努力が存在したのであり，……今後の昇給や昇格等においても不利になることが当然予想され，転職の必要が生じた場合にはより原告に不利な待遇となることは相当程度明らかである。以上によれば，原告の後遺障害を原因とする逸失利益は現に存在し，かつ，今後もその存在の蓋然性は立証されている」として労働能力の喪失率を考慮した逸失利益を認めています（**セイシン企業事件**・東京地判平12.8.29，同東京高判平13.3.29，労判831号78頁）。

5 女性年少者の逸失利益の算定方法

これについては，二つの考え方が対立しており，判例も分かれています。すなわち，女性の年少者の逸失利益については女性労働者の全年齢平均賃金を基礎とすべきであり，このことは現実に男性と女性で平均賃金に差がある以上当然のことである，職種が異なれば賃金に差があるのと同様で性による差別ではない，という考え方です。最高裁も「年少女子の死亡による逸失利益を賃金センサスの女子労働者の全年齢の平均賃金を基準として算定しても不合理なものといえない」と判示しています（最判昭62.1.19民集41巻1号1頁など）。

一方，就労可能年齢に達していない年少者の場合，多様な就労可能性を有しており，女性の就労環境をめぐる近時や将来の動向等を勘案すれば，年少者の将来の就労可能性に男女差は存在しないことを理由として，女性労働者の平均賃金ではなく男女を合わせた全労働者の平均賃金を基礎とすべきであるとした判例が最近登場してきています（東京地判平13.3.8，これを支持した東京高判平13.8.20，労判822号93頁）。しかも，同東京高裁の判決について，最高裁判所は上告受理の申立を受理しない旨の決定をしました（最決平14.7.9）

ので，この点に関する最高裁の統一的な解釈がなされていないことになっており，混乱している状況にあります。

　後者の考え方を採った場合，実務的には大きな影響が出てきます。それは，女性年少者の逸失利益算定に当たって男女合わせた全労働者の平均賃金を基礎とすべきということになれば，「年少」とはいくつまでとするのか，また，男性年少者の場合にも男性労働者ではなく男女合わせた全労働者の平均賃金を基礎とすべきということになるでしょうから，男性年少者の場合には従来の考え方より逸失利益が減額になる可能性も出てきます。つまり，この点はいまだ解決していない問題の一つということになります。

第6章
服務規律・懲戒

第1節 「従業員の加害行為」と「会社からの損害賠償請求」

1 テーマ

　従業員が会社の業務執行中に第三者に損害を与え，その結果第三者に対して雇用主である会社が使用者責任を負うことがあります。また，従業員が直接会社に損害を与える場合もあります。

　その場合，会社はその原因を作った従業員に対して損害賠償請求ができるのでしょうか。また，それが可能とすれば損害賠償額はどのように算定すればよいのでしょうか。

　いささか「判例用語の解説」という観点からはずれるかもしれませんが，判例の一つの傾向といった観点で考えてみます。

　会社が従業員に対して損害賠償請求をすることなど現実にはないのではないかと思われる方もいるかもしれませんが，そうとも断言できません。**K興業事件**（大阪高判平13.4.11労判825号79頁）を題材に検討してみます。

2 具体的事例と争点

　K興業事件は，運送業を営む会社に雇用された従業員（一審被告）が業務として会社所有のトラックを運転中不注意によりトンネル側

壁に衝突し，車両を損傷させたケースです。会社は，その損害（修理費用，休車損害等）として220万円弱を従業員（正確にいえば本件で従業員は退社していますから元従業員です）に対して請求したわけですが，一般的な不法行為規定である民法709条を根拠としています。

一審判決（京都地判平12.11.21労判825号81頁）によれば，具体的争点として，①事故により会社に生じた損害額，②元従業員の損害賠償責任の有無および範囲，③弁済の抗弁，が掲げられていますが，その中心論点は①②でしょう。

もちろん，本件事故について元従業員に故意または過失がないとすれば，そもそも損害賠償責任を負ういわれはありませんから，少なくとも過失が存在することが議論の前提になることはいうまでもありません。

この点について，一審判決は，元従業員の主張（本件事故の原因は車両整備の不備，タイヤの磨耗にあり，元従業員に過失はない）を排斥し，「路面が凍結した状態であり，……本件車両のタイヤが磨耗していると認識していたことが窺われるから……，……事故の発生を防止すべく……安全運転をすべき注意義務があるところ，これを怠り……原告の車両整備に不十分な点があったことを考慮しても，本件事故の発生につき，被告自身の過失の寄与を否定することはできない」から，「被告には，民法709条に基づき，本件事故により原告に生じた直接損害を賠償すべき責任があることになる」としています。

3 損害賠償額の算定（責任範囲）

それでは，発生した損害について(元)従業員は全額会社に支払わなければならないのでしょうか。この点が大きな問題となりま

す。

　一審判決は,「本件のように,使用者が,その事業の執行につきなされた被用者の加害行為により,直接損害を被った場合には,使用者は,その事業の性格,規模,施設の状況,被用者の業務内容,労働条件,勤務態度,加害行為の態様,加害行為の予防もしくは損失の分散についての使用者の配慮の程度その他諸般の事情に照らし,損害の公平な分担という見地から信義則上相当と認められる限度において,被用者に対し,右損害の賠償を請求することができるにとどまると解すべきである（最高裁判所昭和51年7月8日判決・民集30巻7号689頁参照)」という基準を示しています。

　読者の方の中には,これが基準といえるのか,具体的に計算できないではないかと思われる方もいると思います。私もこれは信義公平原則の適用に関する論理を示したものにすぎず,損害賠償額の算定基準とはいえないのではないかと思いますが,その点は細かく詮索せずに,判例ではよくあることとして先に進むことにします。

　実はこのような損害賠償の制限法理については,本件のようなケース以外にも問題があるのです。例えば,会社に入社するとき身元保証人をつけることがあります。従業員が非違行為を行い会社に損害を与えた場合,身元保証契約に基づき会社は身元保証人に対してその損害額全額を賠償請求できるかというのも同じ問題でしょう。

　この点について,身元保証に関する法律第5条では,労働者の監督に関する使用者の過失の有無,身元保証人が保証をするに至った理由,保証するときに用いた注意の程度,労働者の業務および身上の変化,その他一切の事情を総合的に勘案して裁判所が決定することとしています。具体的な判例でいえば,1980万円あまりの損害額について身元保証人の責任範囲額を200万円とした事例（**坂入産業**

事件・浦和地判昭58.4.26労判418号104頁)、595万円あまりの損害について責任範囲額を300万円とした事例(**三和商会事件**・最一小判昭60.5.23労判459号33頁)などがあります。結局個々具体的なケースによって責任範囲を限定しているというほかはありません。

4　本件での基準の適用と一審判決

裁判所は本件で上記基準をどのように適用したのでしょうか。

一審判決は、原告は7、8名の従業員を雇用して運送業を営む有限会社であるのに対し、被告は賃金生活を営む従業員であったこと、運送業を営む以上、交通事故が発生する危険性は常に伴い、原告の従業員が交通事故を起こすことは日常茶飯事であって、所有車両が損傷するなどして損害を被ることが頻繁であったにもかかわらず、保険に加入するなどしていなかったこと、従業員が交通事故を起こすことは日常茶飯事であったということは会社の労働条件、安全指導、車両整備等にも原因があったと推認できること、本件事故の発生について被告に重大な過失はないこと、本件損害賠償請求は異例に属すること、などを指摘したうえで、以上を総合考慮すると、「原告が本件事故により被った損害のうち被告に対して賠償を請求し得る範囲は、信義則上、認定した損害額55万5335円の5パーセントに当たる金2万7766円の限度にとどまるものと認めるのが相当である」と認定しています。

その結果、被告(元従業員)はすでに4万円を会社に弁済しているから、「被告が負担すべき損害賠償額は既に填補済みであることになる」として、原告の請求をすべて棄却しました。

5　控訴審の判断

一審判決に対して会社が控訴し、55万5335円全額を損害とみるべ

きである，仮に信義則上相当と認められる限度において損害賠償を請求し得るにとどまるとしても，一審判決は上記限度を判断するに当たり，会社が車両保険に加入していなかったこと，労働条件に問題があったことなど重視すべきでない事情を重視している点で不当であり，少なくとも上記修理額の30％は損害と認められるべきであると主張しました。

しかし，大阪高裁は判決文を見れば明らかなように，ほとんど一審判決を修正することもなく，いわば三行半のような形で控訴棄却の結論を出しています。

したがって，本件では，会社の損害のうち５％相当が従業員の賠償範囲ということになりますが（私もなぜ５％になるのかと聞かれれば言葉に窮します），これはあくまで個別事案の結論であって，一般的に従業員の責任が（損害賠償の範囲が）５％程度であるということにはならないということに十分注意しておいてください。

6 本件と問題

身元保証契約に基づく責任範囲について先に述べましたが，冒頭で述べたような従業員が第三者に損害を与えたようなケースで使用者が責任を負った場合に使用者から当該従業員に損害賠償を求める事例もあり得ます。民法715条１項はいわゆる使用者責任を定めるとともに使用者は被用者（従業員のこと）に対する求償権の行使を妨げずと定めていますから（同３項），本件と同じような論点が予想されるわけです。「被用者が責任追及することは少ないため，実際上は問題とされることはない」「使用者が賠償させられる事例は実際上多くはないであろう」などといわれていますが，将来もそうかどうかはわかりません。

少なくとも，判例でも責任範囲を限定はするが先の基準に基づい

て求償そのものは比較的認める傾向にあるといってよいと思います。

第2節 「履行補助者の過失」と「求償」

1 テーマ

　履行補助者の故意や過失，それに基づく本人の責任あるいは補助者への求償といったことがテーマです。

　まず，履行補助者というのはどのような概念なのでしょうか。履行補助者とは，「債務者が債務の履行のために使用する者。履行補助者には，債務者が自ら履行する際に自己の手足として使用する者（狭義の履行補助者）と，債務者に代わって債務の全部または一部を履行する者（履行代行者・履行代用者）とがある」（法律学小辞典第3版）とされています。普通，判例で出てくるのは前者です。

　どういう形で問題になるかというと，本人が履行補助者を使用し，その履行補助者の行為に故意または過失があり，第三者が損害を被った場合，その第三者に対する履行補助者を使用した本人の責任いかんという場面です。

2 履行補助者と債務不履行，不法行為

　上記定義では，一定の契約が存在することを前提とし，それゆえ債権債務関係があるために「債務者」という言葉が出てきますが，履行補助者の問題は必ずしも契約関係に限定されるものではありません。

　例えば，不法行為の局面でも，履行補助者の過失が加わっているという場合には，損害賠償請求に当たって履行補助者の責任が考慮

されます。また、過失相殺の問題でも、履行補助者の過失を本人の過失と一体として論ずるというのが実務です。必ずしも履行補助者でなくとも、履行補助者「的な地位」にある者として、配偶者や親子などの過失も斟酌考慮されているのが実際です。

ただし、これら履行補助者やそれに類する者の過失は本人の過失と全く同じにみるのか、違いがあるのかという論点があります。

また、本人がその履行補助者を選任したり監督したりするうえでの過失がない場合には第三者に対する責任を負わないとするのか、あるいはこの過失の有無を問わず本人は第三者に対して債務不履行責任や不法行為責任を負うのかという論点もありますが、現在は後者の考えが有力です。

3 履行補助者に関する具体的判例

履行補助者とはどのような者なのか、その故意・過失がどうして本人の責任として議論されるのか、ということについて具体的判例を見てみます。

労判863号62頁のJR東日本(新宿駅介助職員安全配慮義務)事件(東京高判平15.6.11)では、次のように述べられています。

「控訴人は、本件当日、新大阪駅で所定の運賃を支払った被控訴人から、東海道新幹線で東京駅まで乗車し、同駅で中央線に乗って新宿駅まで行くこと、介助者の同行がないことの申出を受け、新大阪駅の駅員及び東京駅の駅員更にはAを含む新宿駅の駅員がその申出に応じて被控訴人が用意した介助者と被控訴人が会う新宿駅の場所に到るまで被控訴人に対し所要の介助などの対応をすることにしたのであるから、控訴人は、被控訴人との間で、旅客運送契約を締結し、被控訴人が鉄道施設等を利用する間、その生命、身体等の安全を確保すべき契約上の義務を負ったものといわなければならない

ところ，控訴人の履行補助者であるAは，新宿駅9番線ホーム上から地下中央通路へ被控訴人の乗った車いすを移動させるに当たり，同ホーム上と地下中央通路との間を昇降するエスカレーターを利用するために本件当時上昇運転中であった当該エスカレーターを下降運転に切換え操作をする必要を認めたので，被控訴人の乗った車いすを9番線ホームのエスカレーター乗り口付近に置いてA自らが階段を降りて地下中央通路に赴きその切換え操作を行おうとしたのであるが，Aにおいて被控訴人との会話を通じて被控訴人に言語障害があることを感じ，また，被控訴人がその胸部付近をシートベルトで固定してようやく上体を支えていたのであるから，被控訴人の様子をよく観察し，丁寧に話を聞けば，被控訴人が静止していることができず，その腕，上体，首等が不随意・不規則に揺れ動く障害に苦しみ，しかも，被控訴人がその障害ゆえに車いすのブレーキを自ら操作することができない不自由な身であり，その車いすにブレーキを掛けないで放置すると，その車いすが被控訴人の身動きが原因となって動き出すおそれがあることを知り得たのであり，それのみならず，9番線ホームの……あたりは，……少なからぬ人数が上記の……付近を通過する事態が予想されるとともに，ときにはこれらの乗降客の身体ないし手荷物等が被控訴人の車いすに接触衝突して被控訴人の車いすを線路の方向に押し出す危険を生ぜしめるおそれがあることを認識し得たのであるから，Aとしては，これらのように被控訴人の車いすが動き出し，あるいは押し出される危険を生ぜしめないように少なくともその車いすのブレーキを掛けてその車いすの傍らを離れるべき注意義務があったものといわなければならない。そして，このような義務があるにもかかわらず，Aは被控訴人の障害の内容・程度に何ら関心を払わず，上記の……付近における他の乗客の通過等も全く予想せず，漫然と被控訴人の車いすを上記

……あたりに置き，被控訴人が自分でブレーキを掛けることができるものと速断し，そのブレーキを掛けないで，車いすの傍らを離れ，被控訴人を約2分ないし4分の間介助者なしの状態に放置したものであり，その結果，ほどなく被控訴人の身体に走った不規則な緊張によりその腕が揺れ動き，車いすが揺れ，車いすが数センチメートルないし10センチメートル程度線路の方向に動き，これがために被控訴人が車いすごと線路に落ちるのではないかとの怖い思いを余儀なくさせる精神的苦痛を負わせたものであると認められ，これらの認定によれば，控訴人は，前記の旅客運送契約に基づく被控訴人に対する安全配慮義務の履行を怠ったものと認めるのが相当であり，ないしは，その被用者であるAの同義務違反の過失による不法行為につき使用者としての責任を負うものと認めるのが相当である。」

この判示から明らかなように，履行補助者の範囲は相当広く解されていることになります（実際の社会生活上，本人のみが行為すべきであって履行補助者を使ってはならないという契約や場面はごく限られているからでしょう）。したがって，そのような補助者に故意または過失があり第三者に損害を与えれば，会社（本人）の責任が発生するということになるわけです。

4 履行補助者に対する求償

ところで，履行補助者に故意または過失があり，その行為が原因で本人が損害賠償を行った場合，本人は履行補助者に求償ないし責任追及ができるのでしょうか。

履行補助者の典型例である労働者についていえば，一般に労働契約を締結することによってその趣旨に従った労務を提供する義務を負いますから，その提供過程で何らかの義務違反があり使用者に損害を与えれば，損害賠償義務を負うことになります。

この理は労判834号56頁のつばさ証券事件（東京高判平14.5.23）で次のように判示されています。

　「一審原告は，顧客に対して，証券取引を勧誘し，開始するに当たって，取引対象となる証券取引の内容，商品特性等について説明すべき信義則上の義務を負い，さらに，勧誘・取引開始時の説明義務の延長として，取引開始後においても取引を継続するに当たって，従前の説明で十分でない場合には，状況に応じて一審原告主張のとおり補足説明義務を負うと解され，一審原告がこれに違反して顧客に損害を被らせた場合には，損害賠償責任を負うところ，一審原告の職員である一審被告においても，一審原告の履行補助者として，顧客に対して，同様の義務を負うものであり，一審被告がこれに違反して顧客に損害を負わせた場合には，一審原告が顧客に対して損害賠償責任を負うのであるから，職員である一審被告は，一審原告に損害賠償責任を負担させることのないように，顧客に対する上記義務を履行すべきことを，一審原告に対する雇用契約上の労務提供義務として負っていると解される。」

　もっとも，労働者がこのような義務を負っているとしても直ちに全額賠償責任を負うとなるわけではなく（先に述べた責任範囲の制限），また故意や過失の点について慎重に議論されるのが実際です。

　例えば，上記つばさ証券事件でも，一審は一定の範囲で労働者の損害賠償義務を認めましたが，二審の東京高裁は，就業規則上にいう「重大な過失がなかった」として一審判決を取り消しています。

第7章
人　事

第1節　「配転」「出向」「転籍」

1　テーマ

　新日本製鐵（日鐵運輸第2）事件（最二小判平15.4.18労判847号14頁）を参考に，配転・出向・転籍について説明します。
　同判決は，出向と転籍の相違，出向の要件，出向が権利濫用とならない基準等について判示している最高裁判決です。いわゆる三行半判決ではないので，出向についての一つのリーディングケースになると思われます。

2　配転（配置転換）

　出向や転籍について論ずる前に配転について触れておきます。配置転換（これを略して配転と呼びます）は，同一使用者（同一企業）

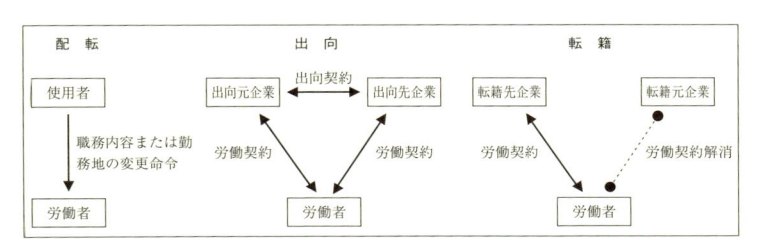

配　転	出　向		転　籍	
使用者	出向元企業 ←出向契約→ 出向先企業		転籍先企業	転籍元企業
↓職務内容または勤務地の変更命令	↓労働契約　　　　　↓労働契約		↓労働契約	┊労働契約解消
労働者	労働者		労働者	

105

下において，労働者の職務内容あるいは勤務地などを変更する業務命令です。なお，「転勤」という言葉を使うこともありますが，転勤は配転のうち勤務地が変更になるケースを称して使用しているのが一般的です。人事異動（あるいは単に異動）と呼ぶ場合もありますが，人事異動には出向や転籍を含む使い方もありますので，配転を意味するものとしてはあまり適当な使い方ではないと思います。

　配転は同一使用者（同一企業）の下で行われるという点で，出向や転籍と異なります。また，出張や応援という業務命令もあり，これも勤務地が変わるではないかと思われるかもしれませんが，出張等は短期間のものを予定しているという点で配転と区別しています。

　配転は，人事権の根幹で企業において必須なものであり，かつ，日常的に行われるものです。そのため，配転をめぐってはさまざまな紛争が過去から現在まで多発しているのが実情です。

　企業が配転を行う目的はさまざまなものが考えられ，これ一つというわけではありません。例えば，定期的な人事異動（キャリアアップシステムの一環）として多種多様な職務を担当させるために行われるという場合もあれば，業務量の増減や人員の増減が生じたときにその変化に対応して行われるという場合もあります。また，従前の職場で軋轢が生じたためということもあれば，事業所の縮小や再編に対応して行われるということもあり様々です。

　配転に関する基準を定立した重要な判例があります。**東亜ペイント事件**での最高裁判決（最二小判昭61.7.14労判477号6頁）です。これによれば，使用者に（就業規則の定めなどの）配転権が存在することを前提として，①配転に業務上の必要性がないとき，②配転が不当な動機・目的によるものであるとき，③労働者に対し通常甘受すべき程度を著しく超える不利益を負わせるとき，には配転命令

は権利の濫用として無効になるとしています。

この判決の枠組みに基づいて，配転が有効であるか無効であるか（すなわち，配転権の権利の濫用であるか）が判断されてきています。

3 出向

出向は，当該企業の従業員としての地位が残ったまま，他の使用者（別法人・別企業）の指揮命令の下で就労させるというものです。したがって，当該労働者は2つの企業に在籍することになり，従前の企業を出向元，新しく働くことになる企業を出向先と呼びます。

民法は，使用者は労働者の承諾がなければその権利を第三者に譲渡できない（625条）と定めていますから，他の企業で働かせるためには労働者の同意がいるということになります。そこで，ここでいう同意はいかなるものか，例えば個別的同意なのか，就業規則で規定すれば足りるのかといった点が問題になってきます。

本件判決はこの点につき，本件事実関係を前提に，出向に関する規定の存在等を根拠として，従業員の「その個別的同意なしに，…従業員としての地位を維持しながら出向先である日鐵運輸においてその指揮監督の下に労務を提供することを命ずる本件各出向命令を発令することができる」としています。

したがって，出向に当たっての従業員の同意とは，その時々の個別的同意に限られないということが判示されたということになるのです。また，出向期間の長期化が予想されているから，4で述べる転籍と同じではないか，すなわち，個別的同意が必要であるとの労働者側の主張に対して「在籍出向といわゆる転籍との本質的な相違は，出向元との労働契約関係が存続しているか否かという点にある」として，出向期間の長期化をもって直ちに転籍と同視することはできないと判断しています。

なお，この判決でちょっと意外だったのは，在籍出向という文言を使っていることです。出向は二重在籍ということなのですから，あえて「在籍」出向と呼ぶ必要はないように思います。在籍出向に対する用語は「移籍」出向ということになりますが，これはまさに転籍であって，現在では「在籍出向」という言葉はあまり使わず，単に「出向」と呼ぶのが普通でしょう。

　出向の場合，労働者は出向元と出向先の二重在籍となるわけですが，この場合の労働条件はどのようになるのでしょうか。二重の労働契約関係が存在するといっても実際上の解決にはならないわけで，結局のところ企業間の出向契約でどのように定めているかということになりそうです。

　出向に当たってもう一つの問題は，本件のように個別同意なくして命令に基づいて出向する場合，出向命令が権利の濫用として，無効となることがあるのか，配転の項で述べたような基準と同じかということです。

　本件判決は，経営判断が合理性を欠くものとはいえない，出向措置を講ずる必要性があった，対象者の人選基準に合理性があり，具体的な人選についてもその不当性をうかがわせるような事情はないし，また，諸事情を考えれば生活関係，労働条件等において著しい不利益を受けるものとはいえない，発令手続きに不相当な点があるともいえない，として出向命令が権利の濫用に当たるということはできないと判示しています（労働契約法14条も出向命令とその濫用について定めています）。

　かなり具体的といえば具体的ですが，このうちの一つでも欠けたら出向命令は権利の濫用として無効となるのかといえばそうではないでしょう。その意味で，これが出向命令についての「基準」とまではいえず，あくまで本件における事例判断にとどまると思います。

4 転籍

　転籍は、上記最高裁判示からも明らかだと思いますが、元の企業との労働契約関係はなくなり、別企業との労働関係のみが成立するものです。元の企業からの退職と新しい企業への入社がセットになったという言い方もできるかもしれません。いずれにせよ、元の企業を退職して別の企業に行くことですから、民法625条の規定がそのまま適用され、労働者の個別的な同意を要することになるというのが原則です。その意味で出向命令ということはあっても、転籍命令ということは想定しにくいということになります（ごく例外的に、グループ企業間で採用時において、転籍についての説明がなされ、転籍の規定があり、グループ企業間の異動が頻繁になされ、実質上はグループ間の配転というべきものであれば、転籍命令もあるかもしれません）。

　出向と異なり、転籍の場合は法律的にも実際上も転籍先企業のみが使用者となるのです。

第2節 「出向」「転籍」（続）

1 テーマ

　出向・転籍については、第1節「配転・出向・転籍」で触れたのですが、その続きとして、出向に際しての要件、転籍と元の企業への復帰などについてさらに触れてみたいと思います。

　第1節に記載したように、出向は、当該企業の従業員としての地位を残したまま、他の使用者（他の企業）とも労働契約を締結することです。つまり、二重在籍ということになるわけです。

しかし、実際は二重在籍といっても、出向元企業と出向先企業との間で行ったり来たりして働く、例えば、月曜から水曜は出向元企業、木曜から金曜は出向先企業といったような働き方はほとんど見られません。通常は、ずっと出向先企業で指揮命令を受けて働くということになります。

そこで、出向の要件について**住友軽金属工業（スミケイ梱包出向）事件**（名古屋地判平15.3.28労判851号53頁）を題材として、移籍出向（転籍）の場合、出向と同様元の企業への復帰ということがあるのかについて**京都信用金庫（移籍出向）事件**（大阪高判平14.10.30労判847号69頁）を題材として、論じてみたいと思います。

住友軽金属工業事件では、関連会社への出向命令の効力が争われたわけですが、そこでは出向に際して労働者の同意が必要か、同意が必要であるとすればどのような同意なのか、労働協約や出向規程等で出向を命ずることができるのか、という問題が提起されています。

京都信用金庫事件では、出向と転籍の区別、移籍出向期間が満了すれば移籍元企業に復帰するということがあるのか、などという問題が提起されています。

2 出向に当たっての要件とは

住友軽金属工業事件で、裁判所は、労働契約の一身専属性と民法625条1項の規定から「在籍出向は、出向元会社と労働者との雇用契約関係は維持されるものの、労務提供の相手方の変更、すなわち、使用者の権利の全部ないし一部を出向先へ譲渡するものであるから、……原則として、当該労働者の承諾を要する」としていますが、ここでいう承諾がいかなるものかといえば、「事前の無限定な包括的承諾のごときは上記趣旨に反する」が「当該労働者の個別的・具

体的な承諾がない場合においても，上記趣旨に反せず，承諾と同視し得る程度の実質を有する特段の根拠がある」場合は出向を命じることができるとしています。

要するに，事前の包括的承諾ではだめだが，上記趣旨に反しない承諾と同視し得る規定等の根拠があればよいといっていると考えられます。

そうなると，どのようなもの（規定や合意など）がそれに該当するのかということになるわけですが，本件事例では「本件労働協約等は，被告と本件組合との交渉の末締結されたものであり，その規範的効力からして，個々の組合員を拘束するものといえることなどからすると，本件労働協約等は，出向命令に対する承諾と同視し得る程度の実質を有する特段の根拠たり得るものと解するのが相当である」としています。

そして，その労働協約の内容について検討したうえで，本件労働協約等を根拠に出向を命じうるものであるから，「個別的・具体的承諾がないゆえに本件出向命令が無効ということはできない」と結論づけています。

3 配転との比較

第1節「配転・出向・転籍」でも述べましたが，出向について，労働協約や就業規則に具体的定めがあり，その内容に合理性があれば個別的同意は不要とする考え方が段々台頭しているように思われます。

一方で，出向を命ぜられた労働者の保護については，配転の場合と同様に，出向命令権という権利の行使にかかる濫用理論を用いて，救済を図っていこうということになります（労働契約法14条）。

復習になりますが，配転であれば，①配転に業務上の必要性がな

いとき，②不当な動機・目的によるものであるとき，③労働者に通常甘受すべき程度を著しく超える不利益を負わせるとき，には配転命令が権利の濫用として無効となる（逆にいえば，これに該当しない限り有効である）という基準が確立しています（**東亜ペイント事件**での最高裁判決・最二小判昭61.7.14労判477号6頁）。

出向に関して，住友軽金属工業事件では，「使用者が，その必要性が全くないのに，労働者に出向を命ずることが許されるわけではない」が，「上記の必要性の程度については，……余人をもっては容易に替え難いというような高度の必要性が常に要求されると解するのが相当でない」としていますが，配転における一つ目の「業務の必要性」基準とほぼ同一の考え方といっていいでしょう。

次に，配転における「不当な動機・目的」基準と同様，本事例でも「本件出向命令は，原告に対する差別としてなされたものとは認められない」「本件出向命令は，原告の労働組合活動を妨害する目的でなされたものということはできない」「被告に不当労働行為意思があるとは認められない」等と判示して，不当な動機・目的を否定していますから，二つ目の基準についてもほぼ同様の考え方をとっていると考えられます。

しかし，配転における3つ目の基準「通常甘受すべき程度を著しく超える不利益を負わせるとき」について，住友軽金属工業事件では出向についてこの基準とやや異なる考え方をとっていると思われます。

というのは，原告の不利益の内容およびその程度を具体的に検討したうえで「原告が被る不利益性の程度に照らして，本件出向命令の発令には……相応の必要性があったというべきであり」等としていますので，出向命令の必要性と労働者の被る不利益性を比較考量しているようにみえるからです。

このような比較考量により配転命令の有効無効を決定するという考え方は、東亜ペイント最高裁判決が出されるまではそれなりに有力な考え方でしたが、同最高裁判決で否定されました。出向命令の効力を論ずるに当たって、権利濫用論という配転命令の場合と同様の考え方に立ちながら、配転事案ですでに否定された比較考量説が出てくるのは奇異な感じがします。

ともあれ、出向命令についても、配転同様、企業において常態化しつつある現状を踏まえて、権利濫用理論による個別救済を図るという考え方になってきています。

4 移籍出向（転籍）と元の企業への復帰

移籍出向は転籍のことであり、出向と異なり、その企業を退職して別企業に入社するということです。

そこで、移籍出向に当たって、移籍出向期間が満了した場合にどうなるのか、移籍出向に当たって期間満了後は元の企業に復帰するという約束がある場合の解釈が問題になったのが京都信用金庫事件です。

そもそも、移籍出向は転籍のことですから、元の企業（移籍元企業）への復帰を予定するということは本来ないはずです。要するに、転籍とは退職したうえで別の会社に入ることだからです。

しかし、本件のように、移籍元企業への復帰を予定するという移籍出向（転籍）が実務上はないのかといえば、実際には多分あるのでしょう。だから本件京都信用金庫事件のような紛争が発生するわけです。

元の企業への復帰を予定する移籍出向（転籍）となれば、在籍出向（単なる出向）とどこが違うのか、何ゆえに区別して両者を使うのかということ自体も問われるようにも思います。

ともあれ、京都信用金庫事件では、「(本件) 確認証が作成されたことをもって移籍出向が在籍出向に変化するものではない」としつつ、「本件確認証の趣旨は、……本件確認証ただし書等の適用除外事由が存しない限りは、移籍出向期間の満了により移籍出向という効果がなくなり、被控訴人らは移籍出向前の状態である控訴人の職員に復帰するという趣旨の約定である」としています。そのうえで、同ただし書等の適用除外事由はない、あるいは信義則上の違反行為はない等として「本件確認証により移籍出向期間満了時に控訴人へ復帰したもの」として、一審原告の移籍元企業での雇用契約上の地位を認めています。

第8章
労働組合

第1節 「有名契約」「無名契約」

1 テーマ

　有名契約（ゆうめいけいやく）と無名契約（むめいけいやく）についてですが，みなさんは有名あるいは無名契約という言葉を聞いたことがありますか。

　一般に使われる有名・無名という言葉を連想されるかもしれません。一般に使われる有名という意味は「マスコミなどを通じて，その当時のだれにでもその名前がよく知られている様子。〔善悪両用に使う〕」（『新明解国語辞典』第六版）というものであり，この反対語が無名です。つまり，無名とは「名前がないこと」「名前がよく知られていないこと」の意味で使われています。

　それでは，有名契約とは「よく知られている契約」，無名契約とは「名前がよく知られていない契約」「名前がない契約」という意味になるのでしょうか。

　実は，判例や学説で使われる有名契約や無名契約はそういう意味ではありません。名前がよく知られているかどうかの問題ではないのです。

2　民法上の契約分類

　民法をみると、債権の部に契約という箇所があります。そして、その内訳として、第2節に「贈与」とあり、第14節の「和解」まで13種類の契約が規定されています。贈与・売買・交換・消費貸借・使用貸借・賃貸借・雇用・請負・委任・寄託・組合・終身定期金・和解の13種類です。

　つまり、13種類の契約の具体的な法律要件や効力について民法は規定しているのです。

　ところで、この13種類の契約以外には当事者の合意で契約を創設できないのでしょうか？

3　有名契約・無名契約とは

　2で述べた13種類の契約は、世上よく取り交わされる典型的な契約について規定されたものとされており、これ以外の契約を当事者が締結することが許されないということではありません。

　もっとも、いかなる契約内容でも当事者間で合意すればよいかといえば、公序良俗に反してはならないといった民法上の一般的な制約があることはもちろんです。

　2の13種類の民法で規定された契約を典型的な契約という意味で「典型契約」、あるいは、民法上に根拠がある（名前がある）という意味で「有名契約」と呼びます。

　一方、この13種類に当てはまらない契約を、典型的でない契約という意味で「非典型契約」あるいは民法上に根拠がない（名前がない）という意味で「無名契約」、と呼びます。

　したがって、1で書いたような一般的に使用される有名・無名という概念とは異なるということになるのです。

民法は、当事者間の合意を優先しており、強行法規性を有するわけではありませんから、まず当事者間の合意があればそれを優先し、そうでなければこの民法上の契約の考え方に従って処理をしていくという建前になっているのです。

ですから、一つの契約でも契約内容によっては一部は民法上の契約（有名契約）、残りは無名契約となるというような混在した場合もあるわけです（人によってはこれを混合契約と呼ぶこともあります）。

結局、当事者間で結ばれた合意契約についてどのような内容なのか、その法律効果はどのようになるのかという解釈が問題となりますが、有名契約の場合は民法上の規定に関する通説や判例がある分だけその判断がしやすい、すっきりするということはいえるでしょう。

これに対し、無名契約の場合はその具体的案件ごとに解釈することになりますから、法律要件や効力について有名契約に比べて解釈が難しいということが出ると思われます。

4　便宜供与契約について

無名契約とはどのようなものなのか、労働事件によくある便宜供与を例にとり具体例にあたってみます。労判814号93頁の**仲立証券（建物明渡請求）事件**（大阪地判平13.5.30）をみると、労働組合が会社（使用者）から組合事務所の便宜供与を受けた場合の法律上の要件・効果について（つまり、組合事務所の便宜供与契約について）が問題となっており、これが有名契約なのか、無名契約なのかについて判断がなされています。

労働組合が会社施設内に組合事務所の便宜供与を使用者から受ける場合がありますが、その契約内容はどういうことになるのでしょ

うか。また，使用者は労働組合に対していつでも組合事務所の明渡しを求められるのか，明渡しを求める理由はいるのでしょうか。

この事件では，組合事務所にかかる無償貸与契約の解除が有効であるか，明渡しが認められるかをめぐって争われています。裁判所は「組合事務所の無償貸与の法的性質については，労働組合に対する恩恵的性格が強く現れていることに鑑みれば，特段の事情のない限り，企業施設の一部を企業経営に支障のない限りにおいて組合事務所として使用させるという無名契約であると解すべきである」と判示しています。そのうえで，「企業経営上支障が生じる場合などの正当の事由がある場合には，使用者は便宜供与契約を解約できるというべきであり」と続けています。

したがって，この裁判所は組合事務所の便宜供与契約を民法上に根拠を持つ有名契約ではないと解釈していることになるわけです。

ただし，この判例は，使用者の明渡しを求める権利を認めつつ，その明渡請求そのものが権利の濫用となるのかどうかについても判断をしており，「以上の事情を総合考慮すれば，原告の被告に対する本件建物部分の明渡請求を認めるのが，被告にとって極めて酷な結果を招き，社会通念上かかる権利行使を認めるのが正当とされる範囲を逸脱する場合に該当するとはいえず，原告の被告に対する本件建物部分の明渡請求を権利の濫用ということはできない」と結論づけています。

なお組合事務所の便宜供与に関する契約とその解釈について（少なくとも労働組合が使用者から無償で組合事務所を供与された場合の法律関係について），無名契約であるとする解釈が固まっているわけではありません。労判814号のコメントにもあるように，民法上の使用貸借である，使用貸借に準ずる契約である，個別具体的に判断される無名契約である，など様々な考え方があり，さらに，明

渡請求がどのような場合にできるのかについてもさまざまな判断がなされていて、どれか一つの解釈に統一されているというわけではないのが実情です。

例えば、日本航空沖縄支店事件（福岡高那覇支判昭53.6.27労民集29巻3号359頁）では、「企業内組合にあつては、使用者は通常その営業所内に組合事務所を設置してこれを利用させていること、右事務所はもつぱら組合活動のために使用するものであること等の点で、組合事務所の貸与関係は、他の住宅や営業所等の貸与関係と多少趣を異にするとはいえ、右貸与が無償でなされている点を考慮すると、民法上の使用貸借契約に準ずるものと認めることが相当である。」と判断されています。

5 無名契約の問題点

先にも述べたように、有名契約であるならば、民法の解釈によることになりますから、組合事務所の便宜供与について民法上の使用貸借という構成をとれば、使用貸借の目的終了に伴い明渡請求ができることになりますし、明渡請求には合理的理由がいるとか、正当な理由がいるという要件は不要になると考えられます。

しかしながら、いくつかの判例が、便宜供与が使用貸借ではなく無名契約とするのは、実際には労働組合の必要性を考慮して、使用者からの明渡（返還）請求について合理的理由や正当理由がいるのだという解釈をとるためのテクニックではないかとも考えられます。

このように、無名契約についての問題は、民法上に要件や効果が定められていないために、当事者間の合意、あるいは極端な場合には裁判所による当事者の意思の推認という方法によって効力が決定されてしまう、というところにあるのです。

したがって，無名契約を締結する場合には，当事者間でできる限り細かくその契約内容を定めておく，ということが必要になってきます。

　そうしないと，当事者の意思とは違う解釈を意思の「推認」という形で裁判所によってされても文句はいえない，ということになりかねないのです。

第9章
不当労働行為

第1節 「不法行為」「不当労働行為」

1 テーマ

　東豊観光事件（大阪地判平13.10.24労判817号21頁）を題材に，不法行為と不当労働行為の関係について説明します。

　不法行為と不当労働行為というのは字面も似ていますし，なんとなく同じようなものだというイメージがあるかもしれません。

　人によっては，要するに不法な行為のことだろうと一緒くたにしているかもしれません。

　しかし，この二つは，よって立つ法律上の根拠も違えば，その趣旨・目的も違うもので，当然その成立要件も効果も異なるものなのです。したがって，その区別をきちんとしておかなければなりません。

2 不法行為とは

　不法行為（不法行為制度）というのは，ある者がその権利ないし利益を他人によって違法に侵害され，損害が発生した場合にその損害賠償を行わせるという制度・仕組みであり，その加害者と被害者の間に損害賠償という債権債務が発生することになります。

民法709条は「故意又は過失に因りて他人の権利を侵害したる者はこれに因りて生じたる損害を賠償する責めに任ず」と定めており，この原則を示しています。

もちろん，違法な行為がなされた場合，これを犯罪として国家が処罰することがありますが，これは刑法等にかかるものであり，そのような責任は刑事責任と呼ばれます。したがって，刑事責任と不法行為責任（民事上の責任）は両方成立する場合もありますが，二つの概念は全く異なるもので，制度的には分別されていることに注意してください。

例えば，刑事責任は問われなかったが，民事上の責任（不法行為責任）は負うということは珍しくないのです。

不法行為は，①故意または過失によって，②他人の権利または利益を，③違法に侵害した，④その侵害行為と損害発生の間に相当因果関係がある，という4つの要件を満たす場合に損害賠償責任が発生することになります。したがって，他人のどのような権利や利益を侵害したのか，そこに違法性があるのか，損害とはどのようなものなのか，といったような点が問題になります。

不法行為かどうかは，損害賠償請求訴訟という民事裁判の中で判断されます。ですから被害を受けた者（被害者）が加害者を相手方として裁判所に訴えるということになりますが，原告となる被害者は個人であれ，会社であれ，特に制限はありません。また，被告も同様です。

3 不当労働行為とは，不当労働行為救済手続

不当労働行為は労働組合法7条に根拠を持つものであり，労働組合や労働者に対する使用者の一定の行為を禁止していますが，その禁止された行為（をすること）を不当労働行為と呼びます。この禁

第9章 不当労働行為

止違反について同法で特別の救済手続が定められており，これを不当労働行為救済制度と呼びます。

不当労働行為救済制度は，団結権等の保障を実効あらしめるために立法政策として労働組合法上創設されたものであり，労使関係の正常化を図ることが目的です。民法上（市民法上）は使用者の権利や自由のはずの行為であっても，この観点から労働組合法上禁止され是正されるということが出てくるわけです。

ですから，不当労働行為救済制度上は禁止され，是正される行為であっても，民事上当然に違法になるというわけではありません。裁判規範としての別の法律上（例えば民法上）違法になるかどうかは全く別の問題ということになります。

不当労働行為救済制度は，仮に不当労働行為があった場合にはそれを是正し除去して不当労働行為がなかった状態にするという原状回復を旨とする制度であるといってよいでしょう。ですから，不当労働行為があったから，その損害を賠償せよとか損害賠償を使用者に命ずるといった制度ではないのです。

不当労働行為は，使用者に対してのみ禁止される行為です（つまり，労働者や労働組合の不当労働行為というものは現在の日本の制度上はありません）。

したがって，不当労働行為救済申立てを行えるのは常に労働組合ないしは労働者ということになり，相手方は常に使用者（会社）ということになります。

また，不当労働行為救済手続は労働委員会という行政機関で行われます（ただし，その決定は最終的には裁判所の審査に服します）。

様々な点で不法行為による損害賠償請求とは全く様相が異なっています。

このように不法行為と不当労働行為は全く概念の違うものである

ことを理解してください。

4 具体例

　今まで述べてきたことに対し，理屈はそうかもしれないけれど，実際は同じではないのかとか，実際はほとんどオーバーラップしているのではないかと思う方がいるかもしれません。

　東豊観光事件を題材にどのように二つが扱われているかをみてみます。

(1) この判例は被告に損害賠償を命じていますが，争点㈡「損害賠償請求権の成否」について，と題してそれを論じています。まず被告Y（どうも被告会社の代表取締役のようです）の不当労働行為意思を論じています。

　この不当労働行為意思は不当労働行為が成立するための要件の一つとして考えられており，使用者のそのような意思が必要であるというわけです。

　判決は，「これらの事実によれば，被告Yの出した社告には，組合を嫌悪する表現が随所に見られ，被告Yが組合の自交総連加盟後，組合に対して不当労働行為意思を有していたことを認めることができ」としています。

(2) 次に，精勤手当および賞与における格差の存否について検討しています。

　その結果，「これらによれば，基本給については，組合員と非組合員との間に差異は殆どないが，精勤手当及び賞与の総支給額においては，格差が生じていることが認められる」としています。

(3) 次に，不当労働行為意思と賃金格差との相当因果関係を検討しています。

　その結果，「精勤手当及び賞与につき格差が生じたのは査定の結

果であるとの被告らの主張は，原告Sを除きこれを採用することはできない」，「被告会社が精勤手当及び賞与の支給額を低く抑えてきたのは，被告Yが組合を嫌悪し，その組合員に経済的不利益を与えることによって，組合の弱体化を企図したものと考えるのが相当であり，被告会社の行為は労働組合法7条1号，3号の不当労働行為に該当する」としています。

(4) そして，最後に被告らの責任の有無を検討しています。

その結果，「被告Yは，不当労働行為として，原告Sを除く原告Mらの賃金を低く抑えてきたものであり，その行為は，違法であり，不法行為をも構成する」としています。

5 具体例の検討から

このように，判決は不法行為による損害賠償請求を一部認めていますが，その判断は**2**で述べたように，不法行為成立のための4つの要件に従って行っているものであることが理解できると思います。つまり，不当労働行為であるから損害賠償せよというラフな議論をしているのではないことに注意してください。

また，この判決は，上記**4**の(4)でその行為（不当労働行為に該当する具体的な行為）は違法であり不法行為をも構成するとしていますが，不当労働行為だから常に不法行為となるといっているわけではないのです。あくまでも本件具体的個別事案の検討の結果であるにすぎません。

要するに，不法行為に基づく損害賠償請求であれば，その構成要件に従った枠組みに基づいて判断されるわけであって，その過程で不当労働行為かどうかが議論されることはあっても，それはあくまでも違法性の点や故意過失の点の議論（これに該当するか）となります。

かくして、不当労働行為と不法行為のしくみが異なることがこの判決を通して理解いただけるのではないかと思います。

第2節 「企業の解散」「偽装解散」と不当労働行為

■1 テーマ

株式会社の解散、それと対比する概念としての偽装解散、これと関連する不当労働行為の成否についてですが、株式会社の解散とはどのようなことなのか、解散するのは誰が決定するのか、解散に何らかの制限があるのか、偽装解散とはどのような場合をいうのか、不当労働行為との関係はどのような局面で出てくるのか、といったことについてお話ししてみます。

■2 株式会社の解散とは

会社法471条は「株式会社は次の事由によって解散する」と定め、1項では存立時期の満了、2項では定款に定めた事由の発生、3項では株主総会の決議、4項では会社の合併、5項では会社の破産、6項では解散を命ずる裁判を掲げています。

したがって、株式会社の場合株主総会で解散決議さえすれば解散の効力が生ずることとなり、その決議の方法につき特別決議によるなど手続的な規制があるにすぎません。

つまり、解散決議をするに当たって、なぜ解散するのか（させるのか）という株主の動機や目的は問われないことになります。

解散決議がなされても、株式会社は直ちに（決議と同時に）消滅するのではなく、清算事務が完了するまでは清算会社として存続しますが、会社は清算の範囲で存在するにすぎませんから従業員は必

然的に解雇となり、また清算事務が終了すれば会社は消滅してしまうことになります。

そこで、解散した会社の従業員（組合員）から、このような決議は無効である、あるいは解散に伴う解雇は無効である（なぜならば解散決議が組合に対する嫌悪目的によるから）等という主張がなされ、労働委員会や裁判での紛争になるわけです。

3 解散の効力と不当労働行為

解散決議が仮に組合嫌悪というような不当労働行為意思に基づくものであった場合でも、解散決議は有効であるとするのが大方の判例です。

例えば、労判857号77頁の**大森陸運ほか2社事件**（神戸地判平15.3.26）では次のように判示しています。

「憲法22条1項は、職業選択の自由の一環として企業廃止の自由を保障していると解されるのであって、企業の存続を強制することはできない。憲法28条が保障する団結権は、企業が存続することを前提とするものであって、企業廃止の自由を制約するものではないと解するのが相当である。また、会社の解散決議の内容が法令に違反していなければ、その目的、動機が不当である場合にこれを無効とする法的根拠は存しない。

したがって、たとえ労働組合を排除するという不当な目的、動機で会社の解散決議がされたとしても、その内容が法令に違反しない限り、その決議は有効であるというべきである。」

「会社が解散した場合、会社を清算する必要があり、もはやその従業員の雇用を継続することはできないから、その従業員を解雇する必要性が認められ、その解雇は、客観的に合理的な理由を有するものとして、原則として有効であるというべきである。

原告は，整理の必要性が存在しないと主張するが，結局，解散の必要性が存在しないというにすぎない。前記説示のとおり，企業廃止の自由が憲法上保障されているのであって，たとえ解散の必要性が存在しなくても，企業の廃止は妨げられないから，解散の必要性を論じる余地はないものというべきである。」

　要するに，企業の廃止は憲法で保障された職業選択の自由の一つであり，労働組合のために企業を存続させなければならないという義務は存在しない。解散決議における法令違反（当時の商法252条）とは決議そのものについてのことであり，決議に至る動機や目的は無効理由にはならない，という論理なのです。

　したがって，不当労働行為制度が企業の存続を前提に使用者の行為を問題にする以上，解散は企業自体が消滅し，労働契約関係の基礎がなくなるわけですから，不当労働行為制度の対象ではないということにつながります。

4　偽装解散とは

　一方，3で述べたように会社が真に解散した場合は不当労働行為責任を追及できなくても「偽装解散」の場合は違うのだ，という説を聞いた方がいると思います。

　ここでいう「偽装解散」とはどのようなことをいうのでしょうか。2や3で述べた解散に対立する概念であることは間違いありませんが，偽装解散そのものが法文上定義されているというわけではありません。あくまでも学説上の用語です（偽装解散と区別する意味で，2や3の解散を「真実解散」と呼ぶ人もいます）。

　偽装解散は，「会社解散の決議がされながら，清算手続は進められず，経営者は，従業員を解雇した後，会社を継続したり（会社法473条）あるいは別会社や経営者個人で企業設備を引き継いだりした上

で，改めて従業員を雇い入れる等して，組合員を排除して同一の企業を再開する」(『新・裁判実務大系16・労働関係訴訟法Ⅰ』127頁「会社解散と解雇」より）との解説がみられます。

また，前記**大森陸運ほか2社事件**では次のように述べられています。「一般に，企業が労働組合員を排除する目的で，その営業を他の企業に譲渡したうえ，解散して労働者全員を解雇し，営業を譲り受けた他の企業が労働組合の組合員以外の者を雇用して営業を継続するといういわゆる偽装解散の場合には，労働組合の組合員に対する解雇の意思表示を無効として，営業を継続する他の企業に労働契約上の責任を追及する余地がある。」

したがって，このような場合には偽装解散であるとして労働者（組合員）の主張が通る余地があるということになりますが，偽装解散と真実解散は現実に区別がつくのでしょうか。

そもそも，株主ないし経営者が「この解散は組合嫌悪のためである」と認めることはまずないでしょうし，真の解散の動機（株主が解散決議に賛成した理由）など外部からは分からないのが普通です。賛成した株主によっても種々様々でしょう。

解散後も別の組織として同一性を伴って存続していれば，真実解散ではなく偽装解散といわれる可能性が高いとも考えられますが，この場合とて，「別の組織」と解散した会社との同一性をどこまで，何を基準に認定するのか，という難しい問題に直面します。

結局，この区別についての統一的な基準はありません。個別事案ごとに，取締役の構成・従業員の構成・営業目的や業務内容・株主構成・資本構成・会社施設や設備等を総合的に考慮して，解散した会社と別の組織との間で「実質的同一性がある」「実質的に同一である」かどうかを判断するという手法をとっているようです。その結果，実質的に同一であるという場合には「偽装解散」であるとして

いると考えられます。

しかし、なぜ解散した会社と解雇された労働者との労働契約について、別法人がその意思と関係なくこれを継承したことになるのか（別法人との労働契約の成立がなぜ認められるのか）、労働条件をなぜ引継ぐのかという理論的な問題は残ると思います。

5 法人格否認の法理

そこで、法人格否認の法理を使って、別法人との労働契約成立を認めようという考え方があります。本件**大森陸運ほか2社事件**で原告もこの法理を展開し「法人格否認の法理により、原告に対する労働契約上の責任を免れない」と主張しています。

これに対して裁判所は、「被告大森陸運が建交労及び関西労働組合との間で誠意を尽くして協議を行わなかったとはいえず、また、被告大森陸運と被告宇徳運輸との間で営業譲渡契約が成立したとはいえず、本件解散を偽装解散ということができない本件においては、本件解雇は有効であり、そうである以上、原告は、被告大森陸運の親会社である被告大森廻漕店に対し、法人格否認の法理（法人格の形骸化）により、労働契約上の責任を追及することはできないものというべきである。」としました。

第3節 「法人格の同一」「法人格の濫用」

1 テーマ

第9章第2節に続いて法人格の実質的同一性とか法人格の濫用という言葉について、労判792号26頁の**大阪空港事業（関西航業）事件**（大阪地判平12.9.20）を題材に解説します。

2 法人格とは

　まず、法人というのは皆さんがよく知っているように登記された株式会社が代表的なものです。また、労働組合の中にも所定の手続きを経て登記された法人があります。

　このように、一般の人（自然人）と対比する概念として法人があります。法人の場合は登記されており、その役員が誰か、本店がどこにあるか、会社の目的が何かなどは登記簿によって明らかにされています。

　したがって、商取引しようとする場合には必ず登記簿の謄本などを取得してその法人の中身を把握しておくのが普通です。

　株式会社△△と名刺に刷っていても、登記していなければ法人ではないことになり、「株式会社△△こと某」というにすぎません。

　このように、法人はそれぞれ登記することによって他と区別された存在になります。したがって、登記が別であれば別の法人ということになるわけです。たとえ、役員がすべて同一でも、別の名称（商号）で登記が別であれば別な法人というわけです。

　だとすれば、別々な登記をした法人は法人格は別と決まっており、「法人格が同一である」などということは起こりえないように思いませんか？

　確かに原則はそのとおりです。しかし、労働法あるいは会社法の世界では、例外的な場合に、形式的には別な法人であるが実質的には同じ法人である（同じ法人とみなされる）とか、法人格が実質上同一であるといった議論をすることがあるのです。

3 「使用者」概念の拡張と責任追及

　なぜこのような議論をするのか、また、なぜそんな必要性がある

のかについて説明します。

労働契約の当事者は使用者と労働者です。使用者は賃金支払義務などの契約上の義務を負う契約主体となるものであって，この契約主体が企業であればその特定の法人が使用者であり，使用者が2人いるとか，別の法人が使用者になるということはありえません。

ところが，判例では使用者の概念が例外的に拡張されている場合があります。例えば，親会社と子会社の関係において特定の場合に，子会社の従業員が親会社を相手として賃金支払いを求めたり，労働契約上の地位を求めたりするケースです。

もちろん，親会社が子会社の株式を持っているからとか，役員を派遣しているからといって，直ちにこのように判断されるわけではありません。しかし，別法人として登記されているといってもその会社が全く実体がなかったというような，法人格が形骸化しているようなケースにおいては別法人である会社に使用者としての責任が求められることがないとはいえないということです。

このような理論を使って労働組合や労働者が，別法人であるが法人格は実質上同一であるなどとして親会社や関係会社にその責任を求めたり，契約上の地位の確認を求めたりすることがあります。例えば，子会社が解散したり倒産したりした場合に，親会社に対して労働契約が承継しているとして責任を追及するといったような形をとります。

4 大阪空港事業（関西航業）事件の場合

労判792号26頁の**大阪空港事業（関西航業）事件**もそのようなケースですが，どのようなことが論じられているでしょうか。

原告は「関西航業の法人格は形骸化しており関西航業と被告の法人格は実質的に同一である」と主張しています。これは，当然のこ

とながら、関西航業と被告である大阪空港事業会社が形式上は別法人であることを前提に、しかしながら、さまざまな理由により両者は実質的に同一であるという主張なのです。それ故に、形式的には関西航業の従業員だが、実質的には大阪空港事業会社が雇用主であると主張して、同社に対し従業員であることの確認や、賃金の支払いを求めています。

そこで使われているのが関西航業の法人格を否認する、つまり、「関西航業の設立等は法人格の濫用である」という論理なのです。

判決文をみていただければ分かるように、裁判所は実態を検討したうえで法人格の実質的な同一性を否定しています。事実上の影響力を一定程度認めながら「このような事実上の影響力をもって被告と関西航業が一体であったとか、被告が関西航業を支配していたということはできない」としています。

また、法人格の濫用についても、関西航業が実体のない会社であるとはいえず、業務量の増減自体は契約関係の問題であって、法人格濫用の問題ではないなどとして、被告の行った業務委託契約解除（これが関西航業の倒産の主たる原因であると原告は主張）について法人格の濫用ということはできないとしています。

5　法人格の濫用が肯定された事例

「大阪空港事業（関西航業）事件」に対して法人格の濫用を認めた判例をみてみましょう。

労判793号86頁の**藤川運輸倉庫事件**（東京地決平12.4.18）は、株式会社東京藤川運輸を解雇された債権者4名が、解雇は同社と実質的に同一法人である債務者（株式会社藤川運輸倉庫）が、組合壊滅を目的として法人格を濫用して行った不当労働行為であって無効であり、債務者が使用者としての責任を負うべきであるとして、債務

者に対し，労働契約上の地位の仮の確認と賃金の仮払いを求めた事案です。

裁判所は，東京藤川運輸は債務者から独立して法人格を取得した後も債務者との関係では支店と同様の扱いを受け，債務者の支配に服していた，そして，東京藤川運輸の休業，従業員全員の解雇，その後の債権者以外の従業員の（債務者への）再雇用は，債務者が主導して行ったもので東京藤川運輸の独自の判断が介在した形跡はみられないなどとして，本件解雇は債務者が組合壊滅（不当労働行為）という違法な目的を有して法人格を濫用して行ったものであって無効であり，このような場合，債務者は債権者らに対し使用者としての責任を負うとしています。

仮処分事件でこのような判断がなされることは極めて異例と思いますが，事実関係（認定）によってはこのような結論もあり得るということなのでしょう。

6 法人格否認論のまとめ

このように，法人格の濫用や形骸化による法人格否認の論理（裏返せば，法人格同一の論理）は，現在の法制度においては，別であるはずの法人をある局面では同一法人であるとみなすことですから，当事者の意思や外形的表示（登記）に反する認定をすることになります。ですから，例外的な場合に認められることはあるとしても，極めて限られた局面にならざるを得ないと思います。

したがって，そう簡単に，別な法人でありながら実質的に同一法人であるといったことは認められないのです。

なお，労働組合法7条（不当労働行為）の関係では，不当労働行為禁止規範の名宛人は「使用者」ですが，その使用者が労働契約上の使用者に限定されるわけではないことに注意しておいてくださ

い。

　もちろん，労働契約がないにもかかわらず，不当労働行為禁止規範における使用者とされることは例外的なケースに限られますが，労働者の基本的な労働条件について，部分的にせよ（つまり全部の労働条件についてではなくても），雇用主である会社と同視できる程度に現実的かつ具体的に支配決定できるときはその限度で団体交渉義務があるとして使用者概念が拡大されています（**朝日放送事件・最三小判平7.2.28労判668号11頁**）。

　ただし，この論理はあくまで労働組合法上の不当労働行為に関するものであり，今まで述べてきた法人格の実質的同一とか法人格の濫用といった論理に直接つながるわけではありません。

第10章
労働訴訟

第1節 「確認の訴え」「確認の利益」

1 テーマ

　判例をみると,「○○○○の地位にあることを確認する」,「○○○○の規定変更が無効であることを確認する」,「○○○○の処分が無効であることを確認する」といった確認訴訟を提起するケースがけっこう目につきます。そこで、このような裁判における確認の利益、およびこのような利益がどういう場合に認められるのか、といったことについてお話しします。

2 確認を求めた具体的ケース

　野村證券（男女差別）事件（東京地判平14.2.20労判822号13頁）では、原告は「原告らが総合職掌指導職一級の職位にある者として、取り扱われる労働契約上の地位にあることを確認する」あるいは、「課長代理に昇格した総合職掌として退職慰労金規定及び退職年金規定の適用を受ける労働契約上の地位にあることを確認する」といった請求を行っています。

　また、NTT西日本事件（京都地判平13.3.30労判804号19頁）では、「原告Fが被告に対して有する賃金債権のうち、平成9年4月1日

から平成11年6月30日までの基礎給及び職責手当は別紙……に対応する金額であることを確認する」。同様に「平成11年7月1日以降の基礎給及び職責手当は別紙……に対応する金額であることを確認する」といった請求をしています。

このように被告会社が行った処分や制度変更が無効であることの確認を求めたり，逆に原告が一定の地位にあることの確認を求めたりすることが多いのですが，そのパターン自体に特別な制限はありません。したがって，このような確認請求がどのような場合に認められるかということになるわけです。

3 確認の訴についての裁判所の考え方

裁判は原告と被告の間の過去の具体的事案の解決を図るものですから，その結論を端的に示すことになります。つまり，仮に制度変更が無効ならば，その結果，原告に具体的な未払賃金請求権があるのかどうか，あるとすればいくら被告は支払うべきなのかといったことを主文で命じれば足り，それを超えて過去の法律関係や過去の事実の確認まで行う必要性はないのが通常です。

その論理を端的に述べたものとして，前記NTT西日本事件をあげておきます。

① 確認の訴えは，特に確認の利益がある場合に限って許されるところ，確認の利益は，判決によって法律関係の存否を確定することがその法律関係に関する法律上の紛争を解決し，当事者の法律上の地位の不安，危険を除去するために必要かつ適切である場合に認められるものである。

② そこで，基礎給および職責手当の金額の確認請求にかかる訴えについて，確認の利益が認められるかを判断するに，原告らは，賞与算定，年金算定等に反映されるため，本来原告らが受給できるべ

き基礎給と職責手当の額について確認する必要があると主張するが，本件訴訟では，本件就業規則の変更に基づく特別職群への移行の効力が争われ，これが無効であることを前提として，賃金のうち基礎給と職責手当の金額（一部が支給された期間については同金額と支給額との差額）の支払いを求め，その判決が確定すれば，基礎給と職責手当の金額は既判力によって争い得なくなるのであるから，重ねて上記金額についての確認を求める必要も利益もないというべきである。

③　したがって，原告らの基礎給および職責手当の金額の確認請求にかかる訴えは，確認の利益を欠く不適法なものであるから，却下を免れない。

　要するに，確認の訴えは，特別にそのような必要がある場合（当事者間の法律上の紛争を解決するために必要かつ適切である場合）に限って認められるもので，例外的なケースであるということを述べているのです。

　よく考えてみれば，このことはある意味で当然のことなのです。例えば，自分の賃金等には全く関係（影響）がないけれども，会社の行った制度改定が有効であるとか，逆に無効であるとかを一般的抽象的に確認するという手法は，通常の民事裁判では認められないからです。このようなことを認めれば，原告個人の具体的権利義務に関係しないのに抽象的な訴訟が係属するということになり，被告とされた側はたまったものではありません。

4　確認の訴えと具体的な金銭請求の訴え

　3で述べたように，原則として過去の事実の確認は不適法とされますから，訴えを起こす場合，確認を求めるのと同時に具体的な未払賃金などの金銭給付を求めるのが通常です。それは，確認の訴え

が却下された場合に備えて金銭給付を求めておかないと、原告の訴えは全面的に退けられてしまうからです。

実際、NTT西日本事件でも、原告Fは具体的な金額（5,120,700円など）の支払いを求めています。この点について、裁判所は就業規則の変更に合理性が認められるとして原告の請求を棄却していますが、具体的な請求権の存否をめぐる争いですので、その内容に立ち入って判断しています。

同事件の結論は「原告らの基礎給及び職責手当の金額の確認請求に係る訴えは確認の利益を欠くため、これを却下する」、「その余の請求については……いずれも理由がないから棄却する」と区別して判断しています。

ですから、仮に、就業規則の変更に合理性が認められないと判断すれば、前段の却下という結論は変わりませんが、後段の結論は変わる（具体的な金銭支払いを命じる）ことになります。

5　確認の訴えが認められるケース

それでは、例外にせよ確認の訴えが認められるケースにはどのようなものがあるのでしょうか。

休職命令が有効であるかどうかについて、休職命令の期間中の給与金額のみならず復職後の昇給（給与金額）にも影響があるので、直接かつ抜本的な解決のためには休職命令の効力の有無を確定することが最も適切かつ必要であるという理由で過去の法律関係の確認についての利益を認めています（**富国生命保険〔第4回休職命令〕事件・東京地八王子支判平12.11.9労判805号95頁**）。

同様に、確認の利益が典型的に認められるケースは、解雇や雇止めされた労働者がその解雇や雇止めは無効である（その結果、いまだ従業員である）ことを理由に、労働契約上の地位確認を求めるケー

スです。

　例えば、**三精輸送機事件**（京都地福知山支判平13.5.14労判805号34頁）では、被告会社から契約の解消を通告された原告らが、労働契約上の権利を有する地位にあることの確認と未払賃金の支払いを求めた事案ですが、裁判所は、「契約終了をいう被告の主張は採用できない」として「そうすると、原告らは被告に対し、労働契約上の権利を有する地位にあるというべきところ、被告がこれを争っているので、この地位の確認を求める原告らの請求は理由がある」と判断し、主文第１項で、「原告らと被告との間において、原告らがそれぞれ労働契約上の権利を有する地位にあることを確認する」としています。

　併せて、被告に対し平成10年３月から本判決確定に至るまでの間、毎月28日限り、１か月○○円の割合による金員を支払うよう命じています。したがって、このケースでは、単に金銭請求を認めただけではなく、確認の訴えも認めたことになります。

　なお、上記主文第１項と同じような主文として「原告が被告の従業員たる地位を有することを確認する」という場合もあります（**ワキタ事件**・大阪地判平12.12.1労判808号77頁）。この判例では会社の行った解雇が解雇権の濫用であり無効であるとされたわけですが、上記確認を求める利益があることについての特段の説示はありません。会社が解雇は有効であるとして争っている以上、解雇が無効となれば確認の利益は当然存在すると考えているのでしょうか。

　ただし、三精輸送機事件でもワキタ事件でも、判決確定後の賃金請求部分については訴えの利益がないとして、判決確定後の将来の賃金支払請求については却下しています。

　解雇や雇止めのようにそれが無効となれば(地位)確認の利益が認められるケースと異なり、判断が分かれるのは、一定の地位や資格

にあることの確認や課長等の一定の職位にあることの確認等のケースです。

例えば、**芝信用金庫事件**の一審（東京地判平8.11.27労判704号21頁）と二審（東京高判平12.12.22労判796号5頁）をみていただければ、それらが極めて微妙であることがお分かりいただけると思います。東京高裁は「職員の昇格の適否は……高度な経営判断に属する面があるとしても、……損害賠償請求権だけしか認められないものと解し、右のような法的効果を認め得ないとすれば……根本的な是正措置がないことになる」から、「差別された労働者は、将来における差額賃金や退職金額に関する紛争……問題について抜本的な解決を図るため昇格後の資格を有することの確認を求める訴えの利益がある」としていますが、そういえるかどうかはなかなか微妙なのではないでしょうか。

第2節 「遅延損害金」「利息」「付加金」

1 テーマ

「遅延損害金」「利息」「付加金」の違いについて述べてみます。

2 遅延損害金とは

遅延損害金という言葉を聞いたことがありますか。

例えば、「被告は、原告に対し、326万円及びこれに対する平成11年4月26日から支払済まで年5パーセントの割合による金員を支払え」（労判794号51頁の**アリアス**〔**懲戒解雇**〕**事件**〔東京地判平12.8.25〕の主文第2項）という判決主文があります。この「平成11年4月26日から支払済まで年5パーセントの割合による金員」とい

う部分が、遅延損害金ということなのです。

遅延損害金の発生する期日はいつからかといえば、平成11年4月26日ということで、年5％は何に対してかといえば、5か月分の未払賃金326万円に対してということです。また、いつまで遅延損害金が発生するのかといえば、「被告が原告に対して326万円を支払うまで」ということになります。

3 遅延損害金と利息の違い

この5％の割合による遅延損害金とは、どのような趣旨や目的のものなのでしょうか。

一般に使われる用語である「金利」とか「利息」というものとは同じなのでしょうか、それとも異なるものなのでしょうか。

遅延損害金というのは、債務の履行が遅れたことによって発生する損害に対応する損害賠償の一つです。一般に、履行が遅れた場合の損害賠償とは、それによって発生した損害全額が請求できるのが原則であり、履行が遅れたことによって得ることができなくなった利益なども損害賠償の対象になりますが、それを請求者は立証しなければなりません。

しかし、お金の支払いが遅れた場合（難しくいえば、金銭の履行遅滞の場合）は特別な立証をすることなく、法定利率に従った損害は当然に請求できるという特則があります（民法419条）。

つまり、支払うべき日に金銭の支払いがないという事実の立証だけで法定利率分ならば当然損害賠償が請求できます。

したがって、当事者の合意で定まる利息（もちろん、当事者の合意があれば何％でもよいというわけではなく、さまざまな法律により制限がなされていますが、本来の意味では当事者の合意で自由に定めることができます）と遅延損害金は全く違う性質のものという

ことになります。

　例えば、お金を貸した場合、支払期日に元金のほか当事者で合意した利息を添えて返済することになりますが、支払期日以降はこれに加えて遅延損害金が発生するわけです。

4　年5％と年6％の区別

　法定利率というのは、例えば民法上は年5％（民法404条）、商法上は年6％（商法514条）と定められています。なお、賃金確保法6条では年14.6％を超えない範囲内で政令で定める率、と定められています。商法上の利率である年6％がどのような場合に適用されるかといえば、債務が商行為によって発生する場合とされています。従って一方の当事者が営利企業のような場合は、通常商行為となります。使用者（通常は会社）と労働者の労働契約から発生する労働者の会社に対する債権は、一方当事者の会社が営利法人である以上、原則として商行為から発生する債権となり、その遅延損害金も商法に定められた年6％となります。

　なお、遅延損害金が法律で定められた5％や6％という利率に限られるわけではなく、当事者間の合意で遅延損害金を何％とするということはもちろん可能ですが、労働事件で未払賃金等が発生した場合に備えて当事者間で遅延損害金の利率をあらかじめ合意しておくということは実際にはほとんどありえないと思います。

　したがって、賃金の未払い、即ち、賃金を支払うべき時期に支払わなかったことによる損害賠償の場合は、年6％の遅延損害金ということになります（賃確法の要件にあたれば年14.6％）。

　もっとも、年6％の遅延損害金が請求できるといっても、その範囲で請求者が請求額を下げることは自由にできますので、実務上は民法上の遅延損害金と区別することなく年5％で請求することも多

くみられます。

 また，裁判所は原告（請求者）が遅延損害金を年5％として請求しているのに，商法上の債権だからといって勝手に年6％の割合による支払いを命ずることはできません。

 したがって，判決で支払いを命じている場合の遅延損害金は年5％であったり，年6％であったりしますが，年5％としている場合，この意味が①商法上の債権でないから遅延損害金が年5％となるゆえに支払いを命じているのか，②商法上の債権であり本来は年6％請求できるが，原告（請求者）が年5％しか請求していないから，その範囲で支払いを命じているのか，を区別する必要があります。

5 付加金とは

 付加金というのは，使用者が解雇予告手当（労働基準法20条），休業手当（同26条），時間外・休日・深夜の労働に対する割増手当（同37条）の支払義務を怠った場合や年次有給休暇の賃金支払い（同39条）を怠った場合に，労働者の請求により裁判所が未払金額に加えてそれと同一額の支払いを命ずることができるという労働基準法114条の規定に基づいて，使用者に支払いを命ずるものです。

 したがって，遅延損害金とは全く別の性質を有するもので，仮に付加金の支払いが命じられたのに支払わなければこれに対しても遅延損害金が発生することになります。

 付加金は，①裁判所の（使用者に支払いを命ずる旨の）裁判によって支払義務が発生するものであり，②裁判の確定したときから遅延損害金の支払義務が発生し，③付加金に対する遅延損害金の利率は民法上の利率年5％となります。

 ですから，予告手当等の不払いがあったからといって，不払いの

時点から付加金の支払義務が発生するわけではなく，あくまで裁判の確定時から発生することになります。また，仮に違反があっても使用者が裁判前あるいは裁判中に予告手当等の不払いを解消した場合には，裁判所は付加金の支払いを使用者に命ずることはできません。

6 付加金に関する判例

判例で付加金及びその支払いの有無について，どのような判断がなされているかといえば，労判792号103頁の**日本コンベンションサービス（割増賃金請求）事件**（大阪高判平12.6.30）では，次のように判示されています。

「労働基準法114条の付加金の支払いは，使用者が労働基準法37条の規定に違反していることを前提としており，付加金の対象となるのは労働基準法上の労働時間に限られる」

本件では，「確実に労働基準法上の労働時間を充たしていると認められる部分には付加金を認めるべきである。……したがって，右部分について付加金を認めるべきである。」

「付加金の対象となるのは，第一審原告らが第一審被告に対し，裁判上の請求をした時点から2年以内のものであり，第一審被告に訴状が送達され裁判上の請求が行われたのは平成3年6月5日であるので，右時点から支払期が2年内の，1989年5月16日分以降分のみが付加金の対象となる。」

上記判例でいう2年とはどういう意味かといえば，付加金の請求は違反のあったときから2年以内にしなければならない（労働基準法114条但書）ということです。

ところで，労働基準法114条では，裁判所が「未払金のほか，これと同一額の付加金の支払を命ずることができる」となっていますが，

裁判所は114条で定められた事由が発生した場合には必ず付加金の支払いを命じなければならないのでしょうか？ また、支払いを命ずる場合は必ず未払金額と同一額でなければいけないのでしょうか。

確かに114条の法文上はそのようにも読めますが、付加金が使用者に対する一種の制裁とすれば、裁判所は114条に定められた事由があっても常に付加金の支払命令を発する必要はなく、事案によって制裁を課する必要がないと判断すれば付加金の支払いを命じないこともできるし、裁判所の裁量で減額して支払いを命ずることもできるというのが判例の立場です。

例えば、結果的に割増賃金の不払いがあったとしても、労働組合の了解の下で実施された賃金や労働時間の決め方から発生したものであり、労働基準法の解釈が誤っていたという面が大きい点を考慮して、制裁としての付加金の支払いを命ずることは相当ではないとしたケース（**大阪淡路交通事件**・大阪地判昭57.3.29労判386号16頁）などがその典型例です。

第3節 「通達」と司法上の判断

1 テーマ

通勤災害をめぐる**高山労基署長（通勤災害）事件**（岐阜地判平17.4.21労判894号5頁）を参考に、通達と司法判断の関係について述べてみます。

2 通達とは

「行政通達」という言葉も使われますが、「通達」自体の定義が「各

大臣，各委員会及び各庁の長が，その所掌事務に関して，所管の諸機関や職員に示達する形式の一つ」(『新法律学辞典（第三版）』有斐閣）ですから，「行政通達」とあえていう必要はないと思います。

この定義から分かるように，通達は行政庁がそれぞれ所管する法令についてその解釈や運用指針に関して一定の見解を示したものです。そして，通達の宛先は下部の行政機関やその職員ですから，当然，行政機関ではない国民を拘束するものではないということになります。なお，通達は実務上数多く出されており，その内容も多種多様です。

ところで，通達が国民を拘束するものでないとしても，裁判においてどのように扱われることになるのでしょうか。この点が本件事例でも問題になりましたし，その他の裁判でも同様の問題となります。

3　本件事例

本件は，原告の夫が家族の住む住居（帰省先）から単身赴任先の住居（社宅）に向かう途中に自動車の事故により死亡した事例について，それが「通勤」災害に該当するのか否かが争われたケースです。通勤災害ということになれば労働者災害補償保険法の支給対象となり，遺族補償給付等がなされることになりますので，「通勤」に該当するか否かは非常に大きな分かれ道となるわけです。

「通勤」とは，労働者が「就業に関して」「住居と就業の場所との間を」「合理的な経路及び方法により往復する」こととされていますので，これらの点が争われたわけです。

原告は，この「通勤」について，「住居と就業の場所を往復することで，それが就業に関して行われたことが要件であるが，就労日は単身赴任先の社宅から通勤し，週末には自宅（帰省先）に帰宅する

という週末帰宅型通勤を採っている場合，就労日の前日に自宅から社宅に向かう移動であっても，就業の場所への往復のための経過であるから，就業に関して行われたと解するべきである」旨の主張をしました。

一方，被告は，「通勤とは就業に関し行われる行為でなければならないが，週末帰宅型通勤の場合でも，業務に就くため，または業務を終えたため（自宅が住居に該当したとしても）自宅と就業の場所とを往復する行為であることが必要であるから，自宅から社宅に移動するのは就業の場所に移動することに該当しないし，就業日前日に移動するのは就業に不可欠な行為ともいえない」旨の主張をしました。

要するに，帰省先から仕事場に直接移動するのではなく，就業日前日に帰省先（自宅）から単身赴任先住居に移動することでも「通勤」に該当するのかどうか，就業に関して移動したといえるかが問題となったわけです。

「通勤」に関しては，通達も徐々に適用対象を広げてきています（単身赴任者の増加もあって従前の通達を改正し，概念を拡大してきたところですが，最終的には労働者災害補償保険法における「通勤」の定義を改正するしかないかもしれません）。

ところで，裁判所はこの点について次のように判示しました。

「男性の単身赴任者は，昭和62年には41万9000人であったものが平成9年には68万8000人に64％増加し，そのような社会の実情をふまえると，帰省先住居と赴任先住居との往復についても，翌日の勤務に備えるためのもののように業務と密接な関連を有すると評価することができるものは，移動の際の災害の危険についても対処する必要があると考えられるようになってきたこと（〈証拠略〉）に鑑みると，勤務前日に帰省先住居を出発して赴任先住居に到着し同所

で一泊した後,翌日に就業の場所に移動する一連の移動を,住居から就業の場所への移動と捉え,これを『通勤』の概念に含まれうるものと解し,その上で,通勤の他の要件を満たす場合には,『通勤』に該当すると判断するのが相当である。」

「帰省先住居から赴任先住居への勤務前日における移動が『就業に関して』行われたと認められるためには,①当該帰省先住居から赴任先住居への移動を勤務前日に行うことが社会通念上相当と認められ,②当該労働者が帰省先住居から赴任先住居への勤務前日の移動を現に反復・継続して行い,又は反復・継続して行う意思を有しており,かつ,③当該移動が,他の目的のための移動ではなく,翌日の勤務のための移動であること,以上に該当することが必要であると解するのが相当である。」

「よって,太郎の本件事故当日における本件自宅から本件社宅への移動は,『就業に関して』行われたものと認めるのが相当である。」

「そうすると,太郎の本件事故当日の本件自宅から本件社宅への移動は,翌日の本件社宅から就業場所への移動と併せて,『通勤』に該当するもの」といえる。

4 通達についての裁判上の判断

通達が裁判所の判断とどのように関係するかについて,**岡山労基署長(東和タクシー)事件**(広島高岡山支判平16.12.9労判889号62頁)が,端的に次のように述べています。

「死亡した労働者の遺族が労災保険に定める遺族補償給付あるいは葬祭料を受給するためには,当該労働者が『業務上死亡した』ことが必要であるところ(……),『業務上死亡した』とは,労働者が業務により負傷し,または疾病にかかり,その負傷又は疾病により死亡した場合をいい,業務により疾病にかかったというためには,

疾病と業務との間に相当因果関係がある場合でなければならない。そして，上記にいう相当因果関係があるというためには，必ずしも業務の遂行が疾病発症の唯一の原因であることを要するものではなく，当該被災労働者の有していた病的素因や既存の疾病等が条件又は原因となっている場合であっても，業務の遂行による過重な負荷が上記素因等を自然的経過を超えて増悪させ，疾病を発症させる等発症の共働原因となったものと認められる場合には，相当因果関係が肯定されると解するのが相当である。

これに対して，被控訴人は，本件のような虚血性心疾患の場合の業務起因性の認定は，前記第2で引用した『認定基準』によるべきである等と主張するが，『認定基準』は，その作成の目的，経過及び内容に照らして尊重すべきものではあるが，業務上外認定処分を所管する行政庁が処分を行う下級行政機関に対して運用基準を示した通達であって，業務外認定処分取消訴訟における業務起因性の判断について裁判所を拘束するものではないから，被控訴人の上記主張は採用しない。」

5　通達と裁判所の判断との関係

ここで示されているように，通達（判決でいう上記「基準」が通達であることはいうまでもありません）は行政庁がそれなりの資料や経緯等から出されたものであるとしても，あくまでも行政機関内部のものであるから，裁判所として一定の合理性があるものとして尊重はするものの，司法判断をするに当たって裁判所を拘束するものではない，というのが今日の通説です。

したがって，事案によって，通達どおりの判断を裁判所がすることもあれば，通達に従わない判断をすることもあるということになり，いずれも違法ではないということになります。これはある意味

で当たり前のことかもしれません。行政機関内部の運用基準を示した，あるいは行政機関としての法令解釈を示したにすぎない通達が裁判所の判断を拘束するというのでは，司法権の独立はないに等しいからです。法令に関して最終的な解釈権限は，あくまで司法権（裁判所）にしかないからです。

　もっとも，事実上裁判手続において通達がそれなりに（かなりの）意味を持つことはいうまでもありません。この趣旨で上記判例は「尊重すべきものではある」といっているのでしょう。したがって，通達に反する解釈や通達が間違っていると主張する側はそれなりの説得力を持った立証が必要ということになると思われます。

第11章
労働法と他の法律

第1節 「特許法35条と労働法」

1 テーマ

判例用語の解説からちょっと離れて，最近のテレビニュースや新聞報道で話題となっている特許法35条と労働法の関係について考えてみたいと思います。同35条については，紛争が頻発していることを意識したのかどうか分かりませんが，改正されたことはご承知のとおりです（平成17.4.1施行）。

特許法35条をめぐっては，中村修二教授の200億円訴訟（**日亜化学工業（終局判決）事件**・東京地判平16.1.30労判870号10頁）の巨額認容額を筆頭に，**オリンパス光学工業事件**の最高裁判決（最三小判平15.4.22労判846号5頁），**日立金属（発明対価請求）事件**の東京高裁判決（平16.4.27労判876号24頁），などが相次ぎ，ちょっとした判決ラッシュとなりました。

今回は，**日立製作所（職務発明補償金請求）事件**（東京高判平16.1.29労判869号15頁）を題材に，労働法との関係を述べてみます。

2 特許法35条と労働契約

特許法35条は，簡単にいえば，従業員が職務発明者である場合，

従業員が権利者になりますが、使用者が定めをおくことによってその権利を承継すること・取得することができる（使用者が権利者になる）一方、従業員は相当の対価を請求することができる、という規定です。ですから、上記判決は主としてその「相当の対価」をめぐって争われた、ということになります。

ところで、特許法はいわゆる知的財産法の一つですが、このような権利が発生する仕組みや出来上がった権利の保護ということが対象であり、労働契約や労働法とは本来無縁の世界です。

しかし、上記35条は会社と従業員の間でその権利の分配について定めているわけですから、実質的に労働法の世界の問題ではないか、といわれています。つまり、特許法35条というのは、特許法の中にあっては異質の規定であって、労働契約に関する解釈なのではないのか、ということなのです。

3 日立製作所事件での具体的な判示

前記日立製作所事件で、裁判所は次のように判示しています。
① 「特許法35条は、上記のとおり、使用者と従業者との間の雇用関係において生じる職務発明に関する法律問題、すなわち、職務発明の譲渡契約における『相当の対価』について定めた強行法規であり、我が国の産業政策に基づき、使用者と従業員発明者との間の利害関係を調整しながら、特許法１条が定めた目的を達成するために設けられたものであり、特許法における他の規定とは異質の規定であると解すべきである。」「特許法35条が、特許法の他の規定と比べ異質なものであり、同条中の用語を他の特許法の規定と同じ意味に解さなければならない合理的理由がない以上、同条における『特許を受ける権利』は、その規定の趣旨を合理的に解釈し、上記のとおり、我が国の職務発明について、日本国のみならず外国の特許を受

ける権利等をも含む意味であると解すべきである。」
② 「そして，上記各国の法律は，職務発明についての規定を雇用契約に関する法規としてもとらえているため，その補償金の算定においては，使用者が外国特許により得た利益も考慮しているのであり，属地主義の原則に基づく前記のような立場は，前記各国の法制度と調和しないものであることが明らかである。」
③ 「以上からすれば，我が国の従業者等が，使用者に対し，職務発明について特許を受ける権利等を譲渡したときは，相当の対価の支払を受ける権利を有することを定める特許法35条3項の規定中の『特許を受ける権利若しくは特許権』には，当該職務発明により生じる我が国における特許を受ける権利等のみならず，当該職務発明により生じる外国の特許を受ける権利等を含むと解すべきである。」

これは，直接には外国の特許を受ける権利を含む譲渡契約についての準拠法を日本法とするかどうかという論点に対する判断ですが，特許法35条が労働法規としての意味も有する規定であることが，判断の前提となっています。

4 就業規則との関係

特許法35条は，「契約，勤務規則その他の定めにより……」という文言を使用していますが，これは労働法でいう就業規則と同様と解釈してよいのか，という問題があります。

就業規則は使用者が一方的に制定するものですが，それが合理的な内容である限り，集団的，統一的労働条件として労働契約となることが承認されていますから，ここにいう「契約，勤務規則その他の定め」に該当すると考えられています。

したがって，使用者は就業規則その他で権利の承継や移転について定めればよいことになりますが，「相当の対価」についても就業規

第11章　労働法と他の法律

5　相当の対価とは

　まず，対価とある以上，通常は金銭ということになるでしょう。

　次に，いつの時点の対価なのかということが問題となります。特許法35条は，「承継させ，又は使用者等のため専用実施権を設定したときは，相当の対価の支払を受ける」と書いてありますから，承継・設定時のものと解釈するのが普通でしょう。

　とすれば，権利が移転した後に発生した事柄（例えば，使用者がその後利益を得るためにどのような貢献をしたのか，労働者がその後どのような処遇をされたのか）は，算定に当たって考慮に入れないことになるはずです（正確にいえば，考慮に入れられないというべきかもしれません）。特許法35条の対価を権利の売買と同種のものと考える立場では，よりそうなるはずです。

　つまり，権利が移転した後は，会社の利益が大きくなろうが，少なくなろうが，労働者が非常に高く処遇されようが，低く評価されようが，そんなことは「対価」とは無関係という解釈も，当然（少なくても不思議ではない）と思います。

　しかし，裁判所はそのように考えていないようです。例えば，「権利を承継して特許を受けた結果，……現実に利益を受けた場合には，使用者等が上記利益を受けるについて使用者等が貢献した程度，すなわち具体的には発明を権利化し，独占的に実施し又はライセンス契約を締結するについて使用者等が貢献した程度その他証拠上認められる諸般の事情を総合的に考慮して，相当の対価を算定することができるものというべきである」といっている判決例もあります（前記・日立金属（発明対価請求）事件の一審判決＝東京地判平15.8.29

労判863号35頁)。

　ですから，その権利移転後の事情も相当の対価の算定に当たって考慮するということになります。むしろこの考え方のほうが多数説と思われます。本件日立製作所事件の表示も「職務発明補償金請求」となっていますが，当事者もそのような意識なのかもしれません。

　このように，権利移転後その権利が会社の利益に大きく貢献した場合相当の対価の算定に当たって考慮されるとすれば，労働者は有利になりますが，逆に不利になるケースも出てきそうです。

　例えば，権利移転時には相当な利益が期待できるとして会社が一定の対価を払ったが，その後たいした利益にならないことが分かったので，会社が払った対価は高すぎた（相当ではなかった）として労働者に返還を求めた場合，どうなるのでしょうか。理屈からいえば認められることもありそうですが，何となくおかしいという感じもしないではありません。

　このように，「相当の対価」とは，権利移転時のみならず，その後の実績も含めて考慮し，裁判所が客観的に評価するという立場が主流となりそうです。会社が就業規則で対価の算定方式を定めているのでそれが当事者間の労働契約となっていると主張したとしても，当事者を全面的には拘束しないことになってしまう可能性があります。その意味では，紛争は残ることになります。

　つまり特許法35条は労働契約に関するものといったとしても，労働法における労働契約の解釈とは異なる（少なくとも同じではない）といえそうです。

第12章
その他訴訟法上の用語

第1節 「訴訟行為」「実体法上の行為」

1 テーマ

　ジップベイツ事件（名古屋高判平16.10.28労判886号38頁）を題材に，「訴訟行為としての主張」「実体法上の意思表示」などについて述べてみます。

　これだけでは何が何やら分からない方もいると思います。簡単にいうと，本事例でいえば，解雇をした（正確にいえば「解雇の意思表示」ということになります）という行為は，裁判上の手続きの中で行えば足りるのか，それとも裁判上の手続きでなく（それではだめで），裁判上の手続きとは別に，会社が当該労働者にそのような独立した意思表示をすることが必要なのか，といったような問題です。

2 本事例における問題

　本事例は複雑ですが，要するに会社が行った解雇が有効か否かが争点となっているわけですから，どのような解雇をいつ行ったかがまず前提となります。解雇の意思表示が存在しないならば「解雇が有効か否か，即ち，解雇権の濫用があるか否か」は議論する余地がないからです。

本件では，まず平成13年2月20日付の即時解雇があります。この解雇の意思表示を巡って裁判が係争中である平成13年7月24日付準備書面において，会社は懲戒解雇を行った旨の主張をしたようです（上記2月20日付の即時解雇とは別の解雇であると主張しています）。その後，平成14年4月22日付および5月27日付で解雇したとの主張も，会社は準備書面をもって行ったようです。また，平成15年7月2日付準備書面において，これら一連の解雇はいずれも普通解雇である旨の主張も行っています（その関係は正直私にはよく分かりません）。

　そして，第一審で会社が敗訴し控訴をした控訴審において，平成16年3月31日付会社解散を理由とする解雇の主張を新たに行ったようです。

　したがって，これらのうち，どの解雇（解雇の意思表示）が存在するのか，存在したとすればその解雇が有効かどうかということが，いずれの解雇についても問題となるわけです。本テーマとの関係でいえば，前者が問題ですのでそのことを中心に触れます。

3　解雇の意思表示と解雇理由

　2で述べたように，解雇の理由云々の前に，まず解雇の意思表示の存在が問題となります。

　この点について会社は，おおむね次のように主張しています。

　「平成14年5月24日付および平成15年4月4日付各準備書面の解雇事由の記載により，本件即時解雇（平成13年2月20日の解雇）とは別の独立した解雇の意思表示をしたものである」

　この主張に対し，裁判所は次のように判示しています。

　「一般に，当事者は，準備書面において，訴訟行為（攻撃防御方法）としての事実上若しくは法律上の主張を行うとともに，訴訟の

相手方当事者に対して実体法上の意思表示を行うことは可能であるというべきである。しかしながら、実体法上の意思表示は、これにより単に当該訴訟手続内において、攻撃防御方法としての一定の法的効果を生じさせるものにとどまらず、その訴訟手続を離れても、実体法上の法的効果を生じさせ得るものであるから、その意思表示は明確になされる必要があり、訴訟行為としての事実上若しくは法律上の主張とは区別して、実体法上の意思表示を行うことを明確に記載する必要があるというべきである。

　これを本件についてみると、控訴人の主張する上記各準備書面においては、『被告ら（控訴人及びバスデイ）は、原告（被控訴人）についての本件訴訟前の懲戒解雇事由を次のとおり補充して主張する』あるいは、『被告（控訴人）の主張』として、詳細な解雇事由及び解雇事由の合理性を記載するものであって、解雇の意思表示を行う旨の記載はない（裁判所に顕著である。）。そうすると、上記記載は、単に、攻撃防御方法として解雇事由の主張をするものと認められ、実体法上の解雇の意思表示もしたものとは解されない。したがって、控訴人の上記主張は採用できない。」

　この意味は、解雇の意思表示を裁判上の手続きにおいて行うことは可能であるけれども、それは明確になされなければならず、解雇理由やその合理性という訴訟上の攻撃防御方法とは区別して行わなければならないということでしょう。

　また、控訴審で会社が主張した新たな解雇については、解雇の意思表示を行ったことは認めつつ、その解雇は解雇権の濫用だとし、無効と判断しています。具体的には次のとおりです。

　「控訴人は、被控訴人に対し、同年4月1日、控訴人が解散したことを知らせるとともに、これを理由に解雇の意思表示を行ったことが認められる」

「……上記で検討したところに加え，これまでの本件訴訟を含む一連の経過等からすれば，控訴人が被控訴人を解雇するための方策として，控訴人を解散したものと推認することは十分可能であるというべきである。したがって，被控訴人の上記主張には理由があり，控訴人の解散による被控訴人の解雇は，客観的に合理的な理由があるとはいえず，社会通念上相当であると認められないから，解雇権の濫用というべきであり，被控訴人に対する解雇は無効であるといえる。」

このように，一つの解雇を巡って争われている手続きの過程で予備的な解雇の意思表示を行うことはあります（例えば，すでになされた懲戒解雇の意思表示を普通解雇の意思表示であると予備的に主張する場合もあれば，すでになされた解雇とは別の理由による別の日時の新たな解雇の意思表示を行う場合もあります）が，実際の訴訟手続においては，実体法上の意思表示を訴訟手続外で行い，それを証拠として，新たな解雇に関する主張とするという方法をとることが多いように思います。

そうしないと，本件判示のように，新たな解雇の意思表示なのか，解雇理由の追加主張なのか分からない（その結果，解雇の意思表示自体が否定される）とされかねないからです。

また，裁判手続の中で主張書面によって解雇の意思表示を行う場合も，このことを明確にしておかなければならないのです。

4　訴訟行為と慰謝料

ところで，このような訴訟手続における何回にもわたる解雇の通知（意思表示）や訴訟手続におけるさまざまな解雇理由を主張することが独立した不法行為となり，慰謝料の対象となるのでしょうか。

これに対して，裁判所は次のように判示し，不法行為の成立を否

定しています。

「解雇をめぐる雇用者の行為についても、明らかに解雇の事由がなく、そのことにつき雇用者に故意又は過失があるような場合には、不法行為が成立する余地があるというべきである。しかしながら、本件については、前記認定のとおり、控訴人は、本件訴訟の過程において、解雇の事由を複数挙げて主張したものであり、これらの主張が訴訟手続における攻撃防御方法としての主張の範囲を故意に逸脱したものとまで認め得る証拠はない。……これらの事実をもって、直ちに、本件の解雇ないしはこれをめぐる一連の控訴人の行為等が不法行為を構成するものとも認められない」。

この意味は、裁判所における双方の攻撃防御方法（双方の主張）はできる限り自由闊達に行われるべきであって、結果として解雇の意思表示が解雇権の濫用として無効とされた場合でも、解雇に至る経緯や解雇理由について会社が主張すること自体が不法行為であるとされるべきではないからです。

仮にこのようなことになれば、裁判所における当事者の主張は事実上大きく制約され、真実が何であるかを裁判所が判断することが不可能になり、民事裁判の基礎自体が損なわれる結果となってしまいます。

第2節　「口頭弁論期日」「攻撃防御方法」

1　テーマ

訴訟上の手続きに出てくる言葉について説明します。
判決では、訴訟上の用語については当然理解しているものとして使われていますので、その概念が分からないと何が書いてあるのか、

何をいっているのか全く分からないという場合が出てきます。一般の人が判例を読む場合に，よく判決文の意味が分からない，非常に抵抗が大きいという話を聞くことが多いのですが，訴訟上の用語がその大きな原因を占めているような気がします。

2 裁判での期日とは

そこで，まず訴訟手続きに必要不可欠な「期日」について話をします。

民事訴訟では，訴えの提起があったときは，裁判長は，口頭弁論の期日を指定し，当事者を呼び出さなければならない（民事訴訟法139条），また，当事者は裁判所において口頭弁論をしなければならない（同87条）とされています。

訴訟は判決をもって終了することが予定されていますが，その判決のためには原則として口頭弁論を開いて審理しなければならないということなのです。

では，口頭弁論とは何か，何をするのかといえば，公開された法廷において，裁判官および書記官が出席し，直接，原告，被告の当事者（代理人弁護士）から口頭による弁論を聴くということです。

そして，そのような手続きをするために開かれる期日を「口頭弁論期日」といいます。

したがって，判決に至るまでに口頭弁論期日が1回も開かれないということは原則としてありえないことになります。例外的に，訴えが不適法でその不備を補正することができないという場合には，裁判所は「口頭弁論を経ないで」判決で訴えを却下することができますが（同140条），そのような場合は極めてまれにしかありません。

なお，民事手続きでは口頭弁論期日と呼びますが，刑事手続きでは公判期日と呼びます。つまり，民事事件で公判手続きや公判期日

はありませんし、一方、刑事事件で口頭弁論期日はないのです。

テレビドラマの影響なのか、何となく民事も刑事も含めて「公判手続き」「公判期日」と呼ぶ人が多いようにも思いますが、正確にいえばそれは誤りということになります。

私も今はこのように偉そうに書いていますが、実をいえば、約30年以上前の司法試験の面接試験（口述試験）において、民事訴訟法を選択せず、刑事訴訟法を選択していたために、民法科目の面接で、民事訴訟上の手続きなのについ「公判」と言ってしまい、面接官に「そのぐらいは区別してください」と渋い顔をされたのを覚えています。

3 口頭弁論期日で何をやるか

第一回の口頭弁論期日においては、原告が訴状に基づいて、請求理由を述べ、被告はこれに対する答弁を述べます。

そして、その後の口頭弁論期日においては、原告は原告の主張を裏付ける準備書面および証拠を提出し、被告は被告の主張を裏付ける準備書面および証拠を提出していきます。

裁判の資料は口頭弁論において提出されたものに限られます（つまり、口頭弁論期日に上程する手続きがなされていないと、たとえ主張を裏付ける証拠があってもそれを根拠に判決をすることはできません）。

なぜ証拠を提出するのかといえば、当事者間に争いのある事実については、証拠により認定しなければならないからです。一方、真実に合致するかどうかを問わず、当事者間で争いのない事実（自白した事実）については、証拠を提出し証明する必要がありません。当事者間で争いのない事実については、裁判所がそれはおかしいなと思ってもそれに反する認定はできないのです。

このように，ある事実について，当事者間に争いがあるか，争いがないのかは裁判では大きな違いをもたらします。

　こうした手続きを繰り返していき，当事者の主張や立証が尽くされたと裁判所が判断した場合には，口頭弁論手続きを終結して，判決となります。

　判決言渡しの期日を判決期日ということがあります。

4　口頭弁論期日以外の期日について

　このように口頭弁論期日は，公開主義（公開の法廷で行う），直接口頭主義（当事者双方が直接口頭で弁論をする）の下で行われる民事訴訟法上の原則的な手続期日ですが，口頭弁論期日のほかに争点や証拠の整理をするための「弁論準備期日」やお互いが話合いをして和解協議を進める「和解期日」などもあります。これらの期日では，公開主義や直接口頭主義は適用されません。実質的に審理を充実させるための弁論準備手続き（当事者の主張についての整理を行ったり，争点を確認したりします）や，お互いが互譲して話合いによる解決を目指すための手続き（和解手続き）の期日です。

　実務では，このような弁論準備期日などをより重要視していこうという気運が生まれています。また，証拠調べ（いわゆる証人や当事者に対する尋問）についても従前のような五月雨型ではなく，1日に集中して証拠調べを行う集中型にだんだん移ってきています。

　それらはすべて争点を早くから整理し，証拠調べも集中して行ない，判決までの期間を短縮しようという目的に立っていると思われます。

5　時機に遅れた攻撃防御方法

　最近，判例の中で「時機に遅れた攻撃防御方法」とか「時機に遅

れた攻撃防御方法なので却下する」といった文言を見ることが多くなりました。

　何となく難しい用語ですし，何を意味しているのかよく分からないという感じもありますので，簡単に説明します。

　攻撃または防御の方法というと，何か戦闘用語のようですが，原告から見れば原告の主張を裏付けるための（自らの請求を根拠づけるため，すなわち，攻撃するための）主張立証活動のことをいい，被告から見れば原告の主張が根拠のないことを裏付けるための（原告の請求から防御するための）主張立証活動のことをいいます。そして，法律上や事実上の主張をすることや証拠を提出することなどすべてが含まれます。

　旧民事訴訟法では，攻撃防御方法は随時提出すればよかったわけで，極端なことをいえば，口頭弁論終結時までに提出すれば「随時」に該当するといえなくもありませんでした。

　ところが，民事訴訟法の改正に伴い，現在の民事訴訟法では「攻撃又は防御の方法は，訴訟の進行状況に応じ適切な時期に提出しなければならない」と改められています（156条）。随時提出主義から適時提出主義に改められたというわけです。

　したがって，適切な時期に提出していないとして，「当事者が故意又は重大な過失により時機に遅れて提出した攻撃又は防御の方法については，これにより訴訟の完結を遅延させることとなると認めたときは，裁判所は，申立てにより又は職権で，却下の決定をすることができる」旨の157条により，そのような攻撃防御方法を却下することを求める当事者が多くなってきましたし，それに伴い時機に遅れた攻撃防御方法かどうか，故意または重過失があるかどうか，その結果訴訟遅延となるかどうかなどについて，裁判所の判断が示されることも多くなったわけです。

判例でどのように判断されているかといえば、**ブイアイエフ事件**（東京地判平12.3.3労判799号74頁）では、「以上の経過からすれば、原告は既に平成8年7月8日付け準備書面及び平成9年4月15日付け準備書面で主張していた請求原因4㈠……㈡(1)から(6)の各事実についても、これらを主張するのであれば早期に主張する必要があったし、可能であったというべきである。……しかるに、原告は、右の時点から既に2年が経過し、人証の取調べがすべて終了する平成11年5月18日の口頭弁論期日に初めて右攻撃方法を提出し、被告らから……指摘を口頭で受け、さらに……時機に遅れて提出した攻撃方法であることを理由に却下を求める申立があったのに、……右の時期まで提出することができなかった事情を何ら説明することがなかったのであるから、右攻撃方法については原告に重大な過失があったものといわざるを得ない。右攻撃方法は、これにより本件訴訟の完結を遅延させることとなると認められるから、却下する。」として原告が提出した書証（陳述書）について、時機に遅れた攻撃防御方法であるとしてその採用を却下しています。

第3節　「主張立証責任」「抗弁」「主要事実」

1　テーマ

　裁判ないし判例における基本的な用語である「主張立証責任」「抗弁」「主要事実」等の用語について説明します。日常的には使われることは少ないのでむずかしいかもしれません。

2　具体的事例における使われ方

　トヨタ車体事件（名古屋地判平15.9.30労判871号168頁）を題材に

これらの用語について考えてみます。これらの用語は，裁判の中では，基本中の基本です。ところが，日常生活に出てくる言葉ではありません。

トヨタ車体事件の178頁では，次のように使われています。

「③更に，上記②掲記の各事情の主張立証の負担について検討するに，……同請求に対する抗弁事実の一部をなし，使用者に立証責任があると解される」。

3　主張立証責任（主張立証の負担），主張と立証のちがい

まず，裁判における「主張」と「立証」の区別をしなければなりません。この二つは全く違った意味を持っています。

「主張」とは，読んで字の如く，自らの言い分を述べるということです。したがって，自分（原告でも被告でもかまいません）が言うこと（言ったこと）が「主張」となります。当たり前というかもしれませんが，実はそうでもないのです。

というのは，民事裁判では「弁論主義」という建前が採られており，原則として，当事者が主張しない限り，裁判所がその事実を考慮することは許されないからです。その結果，主張を行わなければ，裁判所はそれを考慮できませんから当然不利な判決を受けることになります（主張がなければ，その事実が証拠によって認められる場合でも裁判所はその事実を判断の基礎とすることは許されないのです）。

また，ある事実についての主張を一方当事者が行い，相手方がそれを認めた場合，裁判所はその内容が本当かどうかを問わず，争いのないものとしてそれを前提に判決をすることになります。

したがって，一方当事者が主張をするべきところを主張しなかったことによって不利益を受ける場合，その当事者に「主張責任があ

る」というわけです。

次に問題となるのは、この主張責任の対象はどのような事実かということです。一切合切どんな細かいことまでもがこの対象なのか、法律効果の発生や消滅を意味する主要な事実（「主要事実」とか「要件事実」とか呼ばれます）に限って問題となるのかということですが、後者と解されています。つまり、主要事実について当事者がその主張責任を果たさなければ不利益を受けますよ、ということです。

これに比較して、「立証」とは、当事者の主張を裏づける活動のことです。具体的にいえば、主張を裏づける証拠（書証あるいは証人等）を提出して取り調べるということです。「立証責任を負う」というのは、その主張した事実が立証できなかった場合に法律効果の発生が認められないという不利益を負うことを意味します。

したがって、主張責任と立証責任とは同じ側（同一当事者）に帰属します。そういうわけで、主張責任と立証責任を分けず、併せて主張立証責任と呼ぶ場合もありますが、主張と立証自体は区別しておかなくてはいけません。また、どのような事実がどちらの側に主張立証責任があるのかということを、主張立証の分配とか証明責任の分配と呼びます。

つまり、原告と被告が同一事実について双方が主張立証責任を負うということはありません。どちらか一方にそれが課せられることになります。

4　抗弁とは

抗弁という言葉も日常生活ではまず聞かれることがないと思います。抗弁というのは、裁判上の用語で、原告の請求原因事実（法律効果の発生）を認めたうえでこれを棄却させるという被告の主張です（ですから、抗弁は常に被告に主張立証責任があります）。

裁判は原告が訴訟を提起することから始まりますから、原告がまず求める法律効果を主張することになります。原告が被告に対して、100万円のお金を貸したから返してくれという請求訴訟を提起した場合を考えてみると、お金を貸したという事実は原告が主張立証することになります。

　これに対する被告の対応として、①お金など全く借りていないという場合には、被告に主張立証責任はありません（単に原告の主張を否認するだけです）。ところが、②100万円のお金は借りたけれどもすでに返したという主張もあります。この場合は、原告の主張する法律効果がいったん発生してそれが消滅したという主張ですから、「100万円のお金はすでに返した」という主張を「抗弁」とか「抗弁事実」と呼ぶわけです（正確にいえば、「消滅の抗弁」）。したがって、抗弁主張は、被告が行うことになります。

　このような抗弁として労働事件でよく使われるものに、消滅時効の抗弁があります（例えば、未払賃金請求に対して労働基準法上の2年の消滅時効を主張する）。

5　本件の具体例

　抽象的にいっても分かりづらいと思うので、**トヨタ車体事件**を例に考えてみます。

　退職金請求訴訟というケースですので、退職金を請求する側（本件でいえば原告）は、まず退職金請求を裏づける事情を主張立証することになります。例えば、退職金規定があり、それによると具体的に退職金は〇〇円になることを原告はまず主張するわけです。

　これに対して被告の争い方は、まず一つは、そのような退職金規定はないとか、規定はあるがそのような金額にはならない、というケースです（原告が求める退職金が発生することについて原告が主

張立証しなければなりません)。もう一つは，退職金規定があり計算すればそうなるが，退職金を不支給とする事情があるというケースです。例えば，本件のように，「懲戒解雇された者に対しては退職金を支給しない」という条項が置かれているとして，これを主張するわけです。

つまり請求を受けた会社（被告）としては，原告を懲戒解雇したから，退職金請求権はないという主張となります。この場合問題になるのが，被告は単に懲戒解雇をしたという事実を主張すればよいのか，懲戒解雇の有効性まで主張しなければならないのか，ということになります。前者であれば，その立証はごく簡単ですが，そうはいかないというのが裁判所の考え方です。

なお，**トヨタ車体事件**では「抗弁事実」については，「被用者の退職金全額の支払請求が，最終的に上記②(ｱ)(ｲ)の信義則違反に当たること自体は，同請求に対する抗弁事実の一部をなし」と判示しています。したがって，同信義則違反ということの主張立証責任は被告（会社）が負うことと考えており，それゆえ，前記部分に続いて「使用者に立証責任があると解される」と判示しているわけです。

ところで，解雇に関する一般的な主張立証責任についていうと，使用者のなした解雇が無効であるというのは，解雇権が濫用されていることにほかなりませんから，権利の濫用法理一般の原則に従い，濫用であるとの事実について解雇が無効であると主張する側（労働者）が主張立証責任を負うべきでしょう。

しかし実際の訴訟ではそう簡単ではなく，労働者は解雇権濫用に当たるという点を主張立証し，使用者は解雇に合理性がある（社会的相当性がある），だから濫用ではないという点を主張立証していく（これはあくまで反証であり立証ではないといえるかもしれませんが，言葉の使い方にすぎないと思います）というのが裁判実務で

のやり方です。

　双方の主張立証の結果，解雇権の行使が濫用であるとはいえないとなった時は，主張立証責任の分配原則に従い労働者が不利益を被る，つまり敗訴するということになります。

第4節　「当事者尋問」「証人尋問」「不出頭の効果」

1　テーマ

　パソナ（ヨドバシカメラ）事件（大阪地判平16.6.9労判878号20頁）を題材に，「当事者尋問」と「証人尋問」の違い，尋問期日に不出頭の場合どうなるかなどについて述べてみます。

　ですから，今回は当該事件の争点とは直接関係がありません。

2　証人尋問と当事者尋問

　民事裁判を法廷で見られた方も多いと思いますが，いかにも裁判らしい（テレビドラマなどで見る）場面となると，証人が出てきて，あるいは証人を呼んできて弁護士が尋問をするという場面かと思います。

　ところで，どんな民事裁判でも「証人尋問」は行われるのでしょうか。必ずすべての裁判で証人尋問が行われるわけではありません。

　証人尋問とは，原告でも被告でもない第三者を証人として呼び出し，尋問するということです。一方，当事者尋問とは，裁判の当事者である原告または被告を尋問するということです。

　具体的にいえば，従業員として働いていた原告が会社から解雇されたという例をとってみると，会社を被告として，原告が労働契約上の地位を確認する裁判を提訴するということになりますが，その

場合の原告本人または会社の代表者の尋問が「当事者尋問」ということになります。原告側で同僚を呼んだり，会社側で上司を呼んだりといったように，当事者以外の第三者への尋問が「証人尋問」ということになります。

3 尋問の順序や採用の可否

裁判において，当事者を先に尋問するのか，第三者である証人を先に尋問するのかという点はどうなるのでしょうか。民事訴訟法は，「証人及び当事者本人の尋問を行うときは，まず証人の尋問をする」（207条2項）となっていますので，証人尋問の後に当事者尋問というのが原則です。一方，同項但書で「ただし，適当と認めるときは，当事者の意見を聴いて，まず当事者本人の尋問をすることができる」と定めていますので，当事者尋問をまず行うことも可能ですが，条文の記載の仕方からいえば，当事者尋問から行うのはあくまで例外にみえます。

しかし，実際の裁判ではこの原則どおりというわけではありません。双方の当事者尋問から行ったり，原告尋問，第三者である証人尋問，最後に被告尋問といったような順番で行ったりしており，事案に即して，適宜証拠調べの順番を決めているといってよいと思います。

先ほどの解雇事例でいえば，解雇理由があることをまず被告代表者（この場合は当事者尋問）や被告会社の担当者（この場合は証人尋問）から聴き，解雇理由がないことを原告尋問（当事者尋問）で聴くという順序で行うこともあれば，逆に，原告尋問を行い，次に被告側で反証のための証人尋問を行うという順序で行うこともあるのです。

なお，当事者尋問といっても被告が会社であり，それもある程度

以上の規模がある会社であれば、被告代表者を出頭させて尋問するということはないのが普通です。なぜならば、被告代表者を呼んでもいちいち細かい事情や内容までは分からないのが普通だからです。そのような場合は、当事者尋問は原告にしか行われません。

このように、誰にどのような順番で聴くか（尋問するか）については、原告被告双方が立証計画を裁判所に提出し、裁判所が必要と思われる当事者ないし証人を決定し、順番も決めます。したがって、当事者が証人申請したからといってすべてが認められるわけではありませんし、証人尋問を必ず行うというわけでもありません。もっとも、当事者尋問を申請した場合、その申請側の当事者についてはほとんど認められるようです。

次に、判決書でどう記載されるかについてですが、「証人某の証言によれば、……の事実を認めることができる」、「原告本人尋問の結果によれば……の事実を認めることができる」、「被告代表者尋問の結果によれば……の事実を認めることができる」などと記載されます。

今まで述べてきたことからも分かるように、原告の証言（被告の証言）などというのは誤用ということになります。

4 証言と当事者の供述の証拠価値

原告や被告の当事者尋問の結果より、やはり第三者である証人の証言のほうが証拠価値が高いのでしょうか。

必ずしもそのようなことはありません。あくまでも裁判所の自由心証ということになります。当事者は、自らに不利なことはいわず有利なように供述するのが通常でしょうから、原告は原告に有利なように、被告は被告に有利なように供述するので、第三者である証人のほうが客観的な事実に即した証言をすると一般には考えられま

すので,証人の証言のほうが信用性が高いとも思われます。

　しかし,それも事案によります。証人の証言より当事者の供述のほうがより真実に近い場合や書証とも矛盾しない場合もありうるわけで,結局は誰の証言や供述が総合的にみて信用性が高いかということです。

　なお,証人の証言が信用できないとして排斥する場合には「……の点に関する証人某の証言は,先に認定した証人某の反対趣旨の証言に照らし(あるいは原告本人の反対趣旨の供述に照らし),信用することができない」などと判決書に記載されます。

　ついでにいえば,この「信用できる」「信用できない」という表現は,証拠(証言も証拠の一つです)の評価について用いられる表現であり,原告や被告の主張それ自体について「信用できる」とか「信用できない」という表現は使われません。

5　当事者や証人が不出頭の場合

　裁判所が採用決定した当事者や証人が出頭しなかった場合,どのようなことになるのでしょうか。

　証人が正当な理由なく出頭しないときは,裁判所は決定で,これによって生じた訴訟費用の負担を命じ,かつ,10万円以下の過料に処する,と規定されており(民事訴訟法192条1項),また,証人が正当な理由なく出頭しないときは,10万円以下の罰金または拘留に処する,とも規定されています(193条1項)。

　過料に処するのは呼び出しをした裁判所ができますが,罰金や拘留は刑事罰ですから,裁判所が行えるわけではなく,捜査機関に告発するしかありません。

　一方,当事者については,「その当事者が,正当な理由なく,出頭せず,又は宣誓若しくは陳述を拒んだときは,裁判所は,尋問事項

に関する相手方の主張を真実と認めることができる」となっています（208条）。つまり、証人のような過料や罰金などの制裁はない代わりに、裁判所は当事者尋問に関する相手方の主張を真実と認めることができるという制度を設けています。ただし、他の証拠と矛盾していても、必ず真実と認めなければならないかというと、そうではありません。

　本件の**パソナ事件**で原告は、この条文を用いて「被告ヨドバシカメラ代表者は、本件訴訟において、適式の呼出しを受けながら、尋問期日に出頭しなかったのであるから、裁判所は、民事訴訟法208条に基づき、本件業務委託契約が成立しているとの原告の主張を真実と認めるべきである」と主張しました。

　裁判所がどう判断したかというと、「被告ヨドバシカメラ代表者が適式の呼出しを受けながら、その尋問期日に出頭しなかったことは当裁判所に顕著であるが、本件訴訟において、被告パソナは、被告ヨドバシカメラの相手方ではないから、原告と被告パソナとの間では、民事訴訟法208条の適用はない。原告は、本件訴訟において、被告ヨドバシカメラの相手方であるが、民事訴訟法208条により相手方の主張を真実と認めるかどうかは裁判所の裁量に委ねられており、前記事実に照らすと、原告と被告ヨドバシカメラとの間において、本件業務委託契約の成立を真実と認めることはできない」と判示して、原告の主張を排斥しています。

第5節　「鑑定書」「意見書」

1　テーマ

関西医科大学研修医（過労死損害賠償）事件（大阪高判平16.7.15

労判879号22頁）を題材に，意見書や鑑定書について述べてみます。

2 鑑定，鑑定書とは

そもそも，意見書とか鑑定書というのは，どのようなもので，どのような効果を持つのでしょうか。

鑑定については，民事訴訟法212条以下に定めが置かれています。鑑定とは「特別の学識経験を有する第三者に命じて，その学識経験に基づき，法規や経験則の知識，あるいはその適用による具体的事実の判断を報告させ，裁判官の知識・判断を補充する証拠調べ」とされています（『基本法コンメンタール新民事訴訟法2』186頁）。

上記の「第三者」を鑑定人と呼びます。鑑定の結果は，書面で裁判所に提出する（これを鑑定書と呼びます）場合と，鑑定人が裁判所に出頭して意見を述べる場合があります（民事訴訟法215条）。

前者のやり方は，鑑定人に宣誓をさせたうえで鑑定事項を告げて，鑑定書の提出期限を定めることを原則として法廷で行い，期限までに鑑定書を裁判所に提出することによって鑑定意見を述べたことになります。後者のやり方は，証人尋問の規定を原則として準用します（216条）。

では，どのような事柄が鑑定の対象となるのでしょうか。大きく分ければ，外国の法規や日本国内の慣習といった法律的事由と，筆跡の異同や親子関係の有無，死亡原因といったような事実的事由に分かれますが，通常の裁判で鑑定の対象となるのは後者です。

ただし，気をつけていただきたいのは，鑑定の結果はあくまでも一つの証拠にすぎません。つまり，最終的にその鑑定結果を信用するか，採用するか，当該事実をどのように判断するかは裁判所の判断になります。

先ほど，鑑定については，書面で報告する場合と，法廷で証言す

る場合があるといいましたが，実際の裁判では，後者でも鑑定書を提出したうえでその鑑定人に対する尋問が行われるのが普通です。

　次に，鑑定人はどのように選任されるのでしょうか。鑑定人は，受訴裁判所，受命裁判官または受託裁判官が指定する（同213条）とされています。この意味は，鑑定人の指定権が原告や被告といった当事者ではなく，裁判所にあることを示しています。むろん，原告や被告は，このような人が鑑定人として適当であるから同人を指定するようにと上申することはできますが，裁判所はそれに拘束されません。したがって，鑑定の申出は，証人尋問の申請と異なり，ある人間を特定して申請をしなくてもよいのです（例えば，鑑定人については「然るべき人間を指定されたい」という申出でもよいのです）。

　裁判所は，当事者からなされた鑑定の申出に対して，その申出を採用するかどうかを必要性を勘案して決定することになりますので，必ず鑑定が実施されるというわけではありません。

　鑑定は，このように民事訴訟法において特別の根拠を有し，鑑定人によって書面で提出された鑑定結果を鑑定書と呼びます。

3　意見書とは

　これに対し，意見書は特別の規定に基づくものではなく，一つの書証証拠にすぎません。鑑定人のように，裁判所が宣誓をさせて供述をさせたり，裁判所が指定することもありません。ですから，当事者が自らの主張を裏づけるような立場の学識経験者に依頼して，その意見を開陳してもらい，それを書面にしたものを「意見書」と称しているにすぎません。

　そのため，原告被告双方からそれぞれの立場に立つ意見書が複数提出されることも珍しくはありません。意見書を書いた学識経験者

がさらに裁判所において証言するかどうかも裁判所の判断です。意見書だけではなく，やはり証言を聞きたいということになるかどうかですが，そのような例はむしろ少ないのではないでしょうか。

ただし，意見書を書いた学識経験者が裁判所においてその意見を披瀝する場合も，証人として証言をするだけで，鑑定人となるわけではありません。

4　本件事例について（意見書の扱い）

関西医科大学研修医事件では，原告らの子供であった研修医がどのような原因で死んだのかについて，一審の大阪地裁と二審の大阪高裁では見解を異にしています。

一審は，研修医の死因は急性心筋梗塞という見解を採用しましたが，二審は，ブルガダ症候群の発症としての突発性心室細動という見解に立ちました。

二審は，「証人Aも『若年者であっても……急性心筋梗塞が発症することもあり得る』ことも認めている。……死体検案書等には一郎の死因につき『急性心筋梗塞疑』『虚血性心疾患疑』との記載があることは上記のとおりである」としながらも，最終的に「一郎の従事した研修業務によって冠れん縮性の急性心筋梗塞が発症し，これが原因で一郎が突然死したと是認し得るほどの高度の蓋然性は認め難い」とし，「一郎の突然死の原因は，ブルガダ症候群の発症としての突発性心室細動であったとするのが経験則に合致する」と認定しています。

このように，死亡原因についての認定が変わった理由が何か，すなわち，どの証拠からどのように判断したのかは（証拠や人証は略となっていることもあって）判決文からだけでは定かではありません。ただし，意見書について，裁判所がどうみているかについてい

えば「証人Aの意見書において……」という部分があり,「A意見書の上記記載は,一郎の突然死の原因について誘導心電図上にブルガダ型心電図波形が認められたことを重視するのを妨げるものではない」としていますから,A意見書の少なくともある部分は裁判所が採用しなかったということがいえます。

このように,意見書の全部を採用するのか,一部は採用するのか,全部排斥するのか等については,裁判所の自由心証に委ねられているわけで,この点は証人の証言や当事者の供述と同じ扱いなのです。

5 労働事件における鑑定書や意見書

関西医科大学研修医事件のような安全配慮義務違反をめぐる損害賠償事件においては,死亡原因ないしは疾病原因は何か,それと業務との間に相当因果関係が存在するかということが必ず問題になりますから,医学的知見の議論が必要で,医師の鑑定書や意見書が登場してくることが多いのです。

一方,そのような要素のない労働事件,例えば,労働組合(集団的労使関係)をめぐる労働事件や解雇といった個別的労使関係をめぐる労働事件で鑑定が必要とされることはほとんどありません。もっとも,就業規則の解釈や法令の解釈について,学識経験者の意見書が提出されることはありますが,裁判所としてもそれぞれの側がそれぞれに有利な意見書を提出するという認識があるせいか,意見書はあくまで参考にするという程度で,通常証人として証言を聞くということまではしません。

それは,意見書を作成した者を仮に証人として呼んで証言をしてもらっても,主尋問では意見書のとおりと証言し,反対尋問しても「意見書のとおりです」と答えられるだけで,証人尋問の意味があまりないこともその理由の一つかもしれません。

それぞれの立場から専門家の意見書が提出され，鑑定結果とも異なる意見が出ている場合，裁判所がどのように判断するかという例をあげておきます。**東京海上火災保険・海上ビル診療所事件**（東京高判平10.2.26労判732号14頁）では，「M医師は，……の意見書及び当審証言において，H鑑定が……困難であるとして，H鑑定の指摘する理由によっては異常陰影の指摘が困難であるとは考え難いと述べている。しかしながら，これに対しては，T医師が，当審証言及び……の意見書において，……と述べている上，M医師自身も，……の意見書においては，……可能性を否定できないと述べているのであって，M医師のH鑑定に対する前記批判は採用し難い。」「H医師作成の意見書には，明らかに異常な腫瘍影であり，肺癌を疑って……行うべきであって，このことは一般の内科医であっても十分に可能な判断であるとの意見が述べられているが，前記の諸点に加え，以上の各医師の意見とも異なることを考慮すると，やはり前記……認定を左右するに足りない」などと判断されています。

第6節　「和　解」

❶　テーマ

　これまでテーマにしてきた用語は，裁判や判決上の用語が多かったのですが，それに比べて「和解」という言葉は，日常生活でもよく使われると思います。例えば，喧嘩をした後「あいつとは和解した」などと使うことがあるでしょう。この場合は「仲直りした」程度の意味合いで使われています。裁判で出てくる和解という言葉も同じでしょうか。また，示談という言葉は和解と同じ意味でしょうか。

そもそも，判例として掲載されるのは判決ですから，和解になった場合は判決に至らないわけで，判例上（判決文で）和解という言葉は出てこないし，判例雑誌に出てくるはずはないと思う方もいるかもしれません。

2 和解の目的と意味

示談という言葉は一般によく使われますが，法律上の用語ではありません。一方，和解は民法695条に根拠を持つ言葉であり，当事者がお互いに譲歩し，当事者間に存在する争いをやめるという契約（合意）です。

厳密にいえば，示談のすべてが民法上の和解であるとはいえませんが，通常は示談＝和解というように使われています。

和解というのは，当事者間で上記のような合意が成立すれば足り，書面によらなければならないといったような特別な方式が要求されているわけではありません。しかし，紛争があって，お互いが譲歩したわけですから，将来の紛争を防ぐ意味で書面化する例が圧倒的に多いのです。

裁判手続きで行われる和解（これを訴訟上の和解と呼びます）も，当事者間の裁判紛争を互譲により終結するという目的でなされるわけで，裁判所が作成する「和解調書」という書面に和解内容が記載されます。

そして，訴訟上の和解は訴訟を終了させるとともに確定判決に代わるという強い効力を有しますので，それに基づいて強制執行することが可能となります。

いずれにせよ，和解は後日紛争が再燃することを防止するために行われるわけですが，どのような場合には和解が無効となるのか，どのような場合には後日の請求が（例外的に）可能となるのかが問題

となります。

3　和解が無効や取消しとなる場合

　和解も当事者間の契約（合意）である以上，契約一般に必要な要件を具備しなければなりませんし，契約一般の無効事由や取消事由がある場合にはそれに従います。

　したがって，和解内容が公序良俗に反していたとか，法律の強行規定に反していたという場合には無効となります。また，和解が一方当事者の詐欺や強迫に基づいてなされた場合はそれを取り消すことが可能となります。

　ただし，裁判上の手続きとして裁判官が関与してなされた和解がこのような理由で取り消されたり，無効となることはまずありません。

4　最高裁での和解

　訴訟上の和解は，当事者間の合意によって裁判に終止符を打つわけですから，仮に後日その和解に不満があったとしても，判決と違って控訴や上告といった不服申立ての手段をとることはできません。

　ですから，第一審であれ，第二審であれ，和解をするか，判決をもらい不服申立ての可能性を残しておくべきかどうかは重大なポイントとなります。特に労働事件の場合は和解の時期かどうかなどを含めて慎重に検討することが必要でしょう。

　ところで，事実調べを行う第一審（通常は地方裁判所）や第二審（通常は高等裁判所）ならば和解による解決の機会が与えられるのが普通で，裁判所が和解勧告する場合もありますし，当事者から和解を裁判所に求める場合もあります。

　しかし，事件が最高裁判所に係属した場合，最高裁は法律判断の

みを行うのですから，和解はありえないように見えます。本当にそうでしょうか。

答えは「限られたケースで，数は少ないとしても和解という手続きがある」です。私自身も経験がありますが，最高裁判所の調査官から連絡があって和解手続きが始まり，調査官が積極的に和解をリードしたように記憶しております。もちろん，第一審や第二審で和解手続きがなされても合意できず，判決結果について上告となり，一方，上告が受け入れられるケースもそう多くないのですから，最高裁からすれば，判決や決定を出したほうが早いし楽なのかもしれません。しかし事案によっては最高裁が和解によって解決したほうがよいと考えるケースにおいては和解勧告をするようです。

大野正男元最高裁判事は，その著書の中で「数は少ないが和解をすすめることがある。……しかし，事件によっては，このまま確定させてよいだろうかとか，逆に，破棄して差戻しても事件の解決が長引くだけではないか，とか思われることがある。原審の記録は見ているが，もう一度和解を試みたいと思うのは，最高裁は紛争解決の最終の機関であるという責任を感ずるからである」(『弁護士から裁判官へ・最高裁判事の生活と意見』60頁) と述べています。

私の経験をいえば，一審（地方裁判所）は相手方が勝訴し，二審（高等裁判所）は当方が勝訴し，相手方が上告した事案でした。したがって，最高裁判所から連絡があった時点で，被上告人側ですから，「弁論を開いて逆転判決か」という想定が頭をよぎりましたし，「逆転するよりは，和解するか」ということも考えて和解成立となりました。ただ，和解した内容は必ずしも当方に不利というわけではなかったのが意外といえば意外な感じでした。

この最高裁和解の後日談をいえば，和解が紛争に終止符を打つ手段であり，しかも最高裁での和解ですから当然これで決着と思いき

や，相手方から和解無効の訴えが出るというおまけまでつき，ほとほとまいりました。もちろん，この主張を裁判所が認めなかったことはいうまでもありませんが。

5 労働委員会での和解

裁判所での和解と同じように労働委員会（各県の労働委員会・中央労働委員会）でも和解という手続きはあります。

むしろ，労働委員会としては労使関係は一過性のものではない継続的なものであるから，法的に白か黒かを決めるより，お互い互譲して和解するほうが労使関係上望ましいという考えからか，和解を積極的に勧める風潮があります。

これに対して，不当労働行為ということの存否について曖昧にしたまま，金銭等の支払いなどで決着することを勧めるのは組合にとっても使用者にとっても望ましくないという批判もあります。しかし，現実には和解で終了する事案が多いのです。ただし，労働委員会における和解は裁判所の場合（和解調書を作成する）と異なり，多くは「和解協定書」という題名の協定書に申立人（労働組合や労働者）と相手方（会社）がそれぞれ署名ないしは記名押印し，労働委員会の公益委員，使用者委員，労働者委員の三者が立会人として署名ないしは記名押印するというスタイルです。

したがって，この和解はあくまでも当事者間の和解（労働協約）にすぎず，裁判上の和解のような確定判決と同じ効力は持ちません。

6 新聞報道について

ところで**カンタス航空事件**（東京高判平13.6.27労判810号21頁）について，日本経済新聞の9月14日付記事では「カンタス航空……訴訟で，13日，原告のうち6人を正社員として職場復帰させること

を柱とする和解が裁判外でまとまった。近く東京高裁で正式に和解が成立する。……和解条項は……などの内容」となっていました。この記事を読んで「アレ？」と思った方もいると思いますし，私もちょっと驚きました。それは，すでに東京高裁が判決を出し会社が上告中であったからです。和解は判決に至る前に（判決ではない形で）合意して解決するものである以上，東京高裁が判決をすでに出しているのに，なんで東京高裁で和解ができるのかという疑問です。

このようなことは極めて異例なケースですが，訴訟上の和解は訴訟が事実上係属していれば足りますので，上告理由書が提出される前や，提出後であっても最高裁に記録が送られ最高裁が記録受理をするまでは，東京高裁に事件が係属しているものとして同高裁で和解がなされたものと考えられます。

第7節 「差止請求」

1 テーマ

トーレラザールコミュニケーションズ（業務禁止仮処分）事件（東京地決平16.9.22労判882号19頁）などを題材に，「差止請求」について述べてみます。

差止請求とか，差止請求権という言葉は，あまり日常的になじみのある言葉ではありません。しかし，田中真紀子元外務大臣の長女をめぐるマスコミ報道について，週刊誌の販売等を差し止める仮処分が出されたことをめぐって，表現の自由との関係で話題になったことは記憶に残っていると思います。

そこで，差止請求について，どのようなことを，どのような根拠で「差し止める」のかについて考えてみます。

2 差し止めるとはどのようなことか

差止請求は、損害賠償請求（これは行為がなされた後にその行為が違法であるとして損害の賠償を求めるものですから、事後的な救済を求めることになります）と比較して、他人の違法な行為により自分の権利ないし利益が侵害される恐れがあるということで、そのような行為をしないように、または止めるように請求するものです。

したがって、行為がなされる前や行為がなされている間に行う請求であり、事後的な救済である損害賠償と異なり、いわば事前の救済を求めるということになります。

また、裁判は請求の趣旨（仮処分でいえば申立ての趣旨）をもって、請求を明示するわけで、裁判所はその請求に理由があるとすれば主文という形で当事者に答えを示すことになりますから、主文をみれば、裁判でどのような行為が差し止められたのかということが分かります。

3 差止め事例と主文

本件で主文は、「債務者は、平成17年12月31日までの間、債権者の既存の顧客に対し、当該顧客の医療用薬品の周知・販促に向けられた、①媒体を利用した宣伝広告活動の企画・実行、②販促資材等の企画・制作、③シンポジウム等のイベント企画・運営及び学会等の取材、配信、④医学情報出版物の企画・制作、⑤一般生活者や患者に対する教育・啓発プログラムの企画・実行、の各業務を行ってはならない。」としています。したがって、ここでいう「差止め」は、上記の相手に対して上記①から⑤の各業務を行ってはならないとされたということになります。

また、全港湾労組阪神支部（組合名使用禁止仮処分）事件（大阪

地決平12.12.7労判807号61頁）の主文は「債務者らは，『全港湾阪神支部美和コンテナー輸送分会』の名称を使用してはならない。」としています。したがって，この事件では上記の名称を債務者らは使用してはならないこと，すなわち，上記名称の使用が「差し止め」られたということになります。

加部建材・三井道路事件（東京地判平15.6.9労判859号32頁）の主文は，「(1)被告B及びCは，別紙物件目録(1)の4記載の土地に自ら立ち入り，又は第三者をして立ち入らせてはならない。ただし，人数3名以内，時間5分以内で，平穏な態様での要請文書の提出行為はこの限りではない。(2)被告B及び被告Cは，別紙禁止行為一覧表記載1及び2の行為を自らなし，又は第三者をしてなさしめてはならない。」などとなっています。したがって，被告Bらに対して上記立入り行為その他が禁止された（差し止められた）ことになります。

京都簡易保険事務センター（嫌煙権）事件（京都地判平15.1.21労判852号38頁）では，主文は「原告らの請求をいずれも棄却する。」ということで，原告の訴えが認められませんでしたが，原告が求めた請求は「被告は原告のために，（所在地略）京都簡易保険事務センターの庁舎内（別紙1記載の部分）を禁煙にせよ。」というものです。

このように，言葉では「差止請求」と一括して呼ばれていますが，その具体的内容は事案によってさまざまであることが分かると思います。

4　差止請求の要件

先ほど事後的な救済である損害賠償請求と比較して，差止請求は事前の救済であるということを述べました。したがって，そのような差止めを事前にしておかないと権利侵害が甚だしい，事後では救済が間にあわないという場合に認められるということになります。

ここでいう権利侵害の「権利」とは，上記の例でも分かるように，原告の名誉権であったり，人格権であったり，私生活上の平穏な居住を求める権利であったりします。**全港湾労組阪神支部事件**では，労働組合は人格権の一内容として自己の名称を専用的に使用する権利があると認めています。

　当事者間になんらかの関係がある場合の例をあげましたが，契約関係が解消になった場合でも，その契約関係に基づく特約から発生する権利に基づき競業避止を求めた（認めた）ものとして，**本件トーレラザールコミュニケーションズ（業務禁止仮処分）事件**があります。

　このように，差止めを求める権利（法的利益）はさまざまです。

　次に，何かを「差し止める」わけですから，その対象が明確になっていなくてはなりません。何が（どのような行為が）禁止されたのかが曖昧であって，当事者間でさまざまな解釈ができるというのでは困るのです。紛争は終結しないからです。

　さらに，権利侵害の程度と差止めの関係ですが，侵害があれば差止めは直ちに認められるのでしょうか。

　加部建材・三井道路事件では，次のように判示しています。「原告加部建材は，その事業の主体として，他人に業務を妨害されることなく事業を営む権利，すなわち営業権を有しているところ，……被告Ｂらは何ら同土地に立ち入る権限を有してはいないし，原告加部建材……は被告Ｂらの立ち入りを拒否する意思が明確である。このような場合，原告加部建材は，業務遂行の支障となる恐れがある場合に限り，営業権に基づき，被告Ｂらに対し立入禁止を求めることができる。ただし，……業務の妨害となる恐れのない態様での立ち入りまで差し止める権利を有するものではない。」とし，「別紙物件目録(1)の４の土地内に立ち入ることは基本的に業務遂行の支障とな

る恐れがあるからこの限度では理由がある。」としています。しかし、一方で「事前差し止めを認めるには、当該違法行為が反復継続される蓋然性が必要であるところ、被告Bらが、同目録別紙図面……の建物に許可なく立ち入ったことを認めるに足りる証拠はないから、これに対する立入禁止を求める請求も理由がない」としています。

　これと同様に、ビラの配布差止めについては、「上記のような内容の文書を不特定多数の者に配布することは、その手段方法という面から見ても、広い範囲に流布され信用名誉を毀損する程度が特に大きく、本店所在地兼住所地のある市町村といった相当広い範囲での差止めの必要がある。したがって、原告らのこの点の請求は理由がある。」としています。

　また、**全港湾労組阪神支部事件**では、「債務者らが、右名称を債務者組合の名称として使用し、ビラ配布等の組合活動をしていることは争いがないが、債務者らがこの名称を選択したのは債務者組合が債権者分会と実質的に同一であり、全港湾の本来の方針に従った活動をするためというのであるから、債務者らは右名称の使用によって自らが全港湾に所属する労働組合であり、その組合員であることを外部に表明しようとしているものというほかない。しかるに、前記のとおり、個人債務者らは債権者を脱退し、全港湾からも債権者分会の消滅を確認されている以上、債務者らにはもはや全港湾の組合員であることを自称する何らの権利もないのであって、債務者らの右名称の使用は債権者の名称専用権の侵害以外の何ものでもなく、したがって、債権者にはその差止を求める権利があると認められる。」としています。

　このように、差止請求が認められるのは、単に権利侵害がなされただけでは足りず、そのような差止めをしなければその権利侵害が

反復継続することが予想される，すなわち，事後的な救済では足りない，権利侵害が甚だしいことになってしまうという状況が必要と思われます。

第8節 「差止請求」（続）

1 テーマ

エーシーシープロダクション製作スタジオ（著作権使用差止請求）事件（最二小判平15.4.11労判849号23頁）を題材に，第7節「差止請求」のつづきとなります。

2 本件について（労働契約との関係）

同事件は，著作権に関するもので被告会社に原告が勤務していた（すなわち，労働契約が成立していた）のか，原告が主張するように会社との間の関係は請負契約（準委任契約）なのかが最初の争点になっています。

なぜならば，それが労働契約であれば就業規則上の定めにより著作物の著作権は会社に帰属するとなっていますから，原告の主張は原則として通らないことになります（一審判決の考え方）。

一方，労働契約が成立していないとすれば，会社が著作権者であるというためには特別な合意がいることになりますから，原告の主張が通ることになります（二審判決の考え方）。

二審判決はこの点から原告の著作権に基づく会社に対する著作物を使用した作品の頒布または頒布のための広告・展示をしてはならない旨の使用差止め，および著作権侵害に対する著作物使用料相当の損害金と著作者人格権侵害に対する無形の損害額の賠償を認めた

のです。

　これに対し，最高裁は，「(著作権法15条１項)の規定により法人等が著作者とされるためには，著作物を作成した者が『法人等の業務に従事する者』であることを要する。そして，法人等と雇用関係にある者がこれに当たることは明らかであるが，雇用関係の存否が争われた場合には……実質的にみたときに，法人等の指揮監督下において労務を提供するという実態にあり，法人等がその者に対して支払う金銭が労務提供の対価であると評価できるかどうかを，業務態様，指揮監督の有無，対価の額及び支払方法等に関する具体的事情を総合的に考慮して，判断すべきものと解するのが相当である。」との一般論を述べました。

　そのうえで，本件について，上記の具体的事情を考慮することなく，また指揮監督していたかどうかを確定することなく，雇用関係の存在を否定したのは著作権法15条１項にいう「法人等の業務に従事する者」の解釈適用を誤ったとして，二審判決を破棄し差し戻したのです。

　労働法の観点からすれば，上記著作権法15条１項にいう「法人等の業務に従事する者」の解釈が労働組合法や労働基準法でのそれと同様であるのか，異なるのかは興味のもたれるところです。労働判例のコメントでは，雇用関係の存否をめぐる判断について，著作権法上では指揮監督性の存否に重点がおかれているようであるとし，使用従属関係の存否を重視する労働法上の解釈とは異なっているとしています。

　しかし，雇用契約が成立している場合には労働法上も著作権法上も問題はなく，雇用契約が成立していない場合に，それでも使用者といえるのか，本件でいえば著作権法上の法人等の業務に従事している者といえるのか，ということが問題となるわけです。ですから，

この最高裁判旨の「法人等の指揮監督下において労務を提供するという実態にあり」という部分を捉えて（労働法の場合と異なり）著作権法上は指揮監督性を重視しているとは速断はできないような感じがします。例えば，**横浜南労基署長（旭紙業）事件**（最一小判平8.11.28労判714号14頁）では，やはり指揮監督下の行為であるかどうかが重視されています。

今回のテーマである「差止請求」の点についていえば，著作権法上「著作者，著作権者……は，その著作者人格権，著作権，出版権又は著作隣接権を侵害する者又は侵害するおそれがある者に対し，その侵害の停止又は予防を請求することができる。」(112条1項) と規定されていますので，本件のように，同項に基づき差止請求や予防請求ができることになります。

そこで，問題はこのような根拠規定が置かれていない場合には差止請求ができないのか，それとも差止請求が可能な場合もあるのか，という点になるのです。

3 民法上の差止請求と規定

民法上の不法行為の考え方は損害賠償が原則です。明文の規定がない場合は解釈によって特別の救済（すなわち，差止請求など）を認めるべきではないとするべきか，逆にそれでよいのかという議論になります。

どのような局面で議論されているかといえば，1つは肖像権・名誉・プライバシーなどへの侵害が継続している場合に，そうした加害行為を消滅させるための差止めを認めるべきである（人格権に対する侵害という意味では先ほど述べた明文の根拠がある著作者人格権と同様であり，必要性においても変わらない），もう1つは，人間の健康被害が発生しているようないわゆる公害事件については，人

格権に対する継続的な加害状況があるのだから差止請求を認めるべきである、というものです。

いずれにせよ、どのような法律構成の下に差止請求を認めるかということと、仮に認めるとしてその要件はいかなるものかが議論されています。

北方ジャーナル事件において、最高裁は名誉権の侵害について差止めを認めましたが（最大判昭61.6.11民集40巻4号872頁）、それ以降その類推適用により、明文上の根拠がなくとも差止請求権を認めてもよい場合がある、という考え方が強くなっています。

4　労働事件における差止請求の例

労働事件では、労働者や労働組合側から使用者に対する請求としては、団結権（あるいは団体交渉権）に基づく妨害排除ないしは差止請求といった形で表れます。また、解雇や配置転換等がなされそうなときにこの効力停止の仮処分を求めるというパターンもあります。

最初の例は、使用者によって継続的に不当労働行為が行われる場合には、私法的救済手段である不法行為に基づく損害賠償や不当労働行為救済命令に基づく原状回復では権利の救済として不十分であり、妨害排除（差止請求）が認められなければならないという考え方です。その根拠として憲法28条や労働組合法7条を掲げています。

しかしながら、労働組合法7条は行政救済の手続きを前提とするものであり、民法90条により当該行為の無効（あるいは不法行為に該当するとして損害賠償）まではいえても、それ以上の差止め規範とするのは困難である、また、憲法28条はそもそも具体的な請求権ではなく、実体法上の請求権は認められない、とする考え方が多数

です。

　なおこのような差止請求は，本案事件というよりは，仮処分事件でよく使われますが，それは仮処分が本案事件や行政救済手続きに比べても迅速に判断が下されることから利用されるわけです。

　一方，労働者側のみならず，使用者側からこのような差止請求（仮処分申立）を行う場合もあります。例えば，違法な争議行為を差し止めるという仮処分申立です。これは争議行為がそれを禁止する法令に違反することや労使で締結した労働協約中の平和義務に違反することを根拠に労働組合に対して申立てを行うというものです。また，労働組合員やその他の支援者などが使用者の施設に立ち入り，業務を妨害しているとして，立入り禁止・業務妨害禁止の仮処分を申し立てるというケースもあります。これは，使用者の施設管理権（所有権や賃借権等）に基づくものといえます。

　このように，労使双方から差止請求（仮処分）を行うことが想定できることになります。

　ただし，実際にはいずれの仮処分も，理論的な点，また，仮処分事件に特有な「必要性」の点などから，差止めが認められるのはなかなか困難であるというのが実情でしょう。

第9節　「棄却」「附帯上告」「却下」「上告受理申立」

1　テーマ

　システムコンサルタント事件の最高裁判決（最二小決平12.10.13労判791号6頁）を参考にして「棄却」「附帯上告」「却下」「事件として受理しない」といった用語について解説します。

2　棄却について

主文第1項に「本件上告を棄却する」とあります。この意味は、最高裁判所が上告を受理したうえでその上告を理由がないものとして退けたという意味です。そのことは、判決文中の「理由」の第1項の判示を見れば分かります。「本件上告の理由は……右各項に規定する事由に該当しない」から棄却されたということになります。

3　附帯上告について

次に、主文第2項に「本件附帯上告を却下する」とあります。ここでは、「附帯上告」という言葉と「却下」という言葉について説明します。

附帯上告というのは、上告をした者ではなく、上告をされた者（被上告人）が相手方の上告に伴い、自分のほうも原判決の取消し、変更を求めるというものです。それぞれが独自に行う上告とは異なり、あくまでも相手の上告に伴う付随的なものですから、相手が上告を取り下げてしまえば附帯上告もそれと運命を共にし、失効することになります（ですから、当事者表示は被上告人がイコール附帯上告人となり、上告人がイコール附帯被上告人となります）。

したがって、上告の場合だけではなく、控訴の場合も相手の控訴に伴う附帯控訴というものがあります。これも附帯上告の場合と同様、控訴が取り下げられた場合や控訴が不適法として却下された場合には附帯控訴も失効してしまいます。

このような結果を望まないならば、附帯控訴や附帯上告ではなく、法定の期間内に自らが独立した控訴手続きや上告手続きをとっておくべきであるということになります。

4　却下について

「却下」という言葉について説明します。

本件判決の理由第2項で述べてあるように、訴えが不適法である場合にその訴えを却下するということです。

例えば、行政事件訴訟（行政行為をめぐる訴訟）では、行政処分の取消しを求める資格が原告にあるのかということがまず裁判で問題とされることは皆さんも報道などで知っていると思います。原告にその適格がない（訴えの利益がない）とされれば、原告の訴えを却下するとの判決が下されます。

また、行政事件に限らず、労働事件においても、訴えが不適法な場合（必ずしも原告の訴えの全部ではなく、訴えの一部が不適法だった場合も含まれます）に不適法な部分の訴えを却下するとの判決がなされます。

例えば、労判787号18頁の**マルマン事件**の判決（大阪地判平12.5.8）を見ると、「原告の訴えのうち、本判決確定後に支払期日の到来する賃金の支払を求める部分を却下する」との主文がなされており、その理由として、「少なくとも現段階において、原告の労務提供の程度等賃金支払の前提となる諸事情が確定していない」から「本判決確定後の賃金支払い請求部分については訴えの利益がない」とされています。

このように、原告の訴えの一部ないし全部について、原告に裁判で争うことについての利益がないと裁判所が判断した場合には、原告の請求内容（求める請求）の当否に入ることなく、訴えは却下となります。したがって、請求内容の是非については全く判断していませんので、いわゆる「門前払い」というわけです。

このような門前払いの判決は、行政処分の取消しを求めるような

行政事件訴訟においては珍しくありません。

　労働事件においても労働委員会が発令する不当労働行為救済命令の取消しを求める訴訟は一つの典型的訴訟類型ですが，行政訴訟である以上その命令の取消しを求める法律上の利益があることが要件となります。

　例えば，救済命令が発令された名宛人である使用者は，その取消しを求める法律上の利益を有するのが原則ですが，救済命令の履行が不可能になったとか，救済命令が事実上実現されてしまったという場合には，救済命令にもはや従うべき義務はなくなるとして，救済命令の取消しを求める法律上の利益がないと判断されます。

　その典型的なケースとして団体交渉の応諾を命じた命令の取消訴訟中に団体交渉が行われたとか，救済命令の取消訴訟中に当該労働組合が消滅してしまったなどがあります。

　使用者としては，救済命令が存在すること自体不名誉であるとして，このような場合でも命令の取消しを求める利益があるといいたいところかもしれませんが，裁判所はそれは単なる事実上の不利益であり，法律上の不利益ではないと解釈しています。

　なお，却下という用語ですが，仮処分事件においては（本案事件と異なり）申立てに理由がない場合は「本件申立を却下する」という主文になります。

5　「上告審として受理しない」とは

　主文第3項に○○号事件を上告審として受理しないと書かれています。上告審の役割とその判決書の読み方については，『実務家のための労働判例の読み方・使い方』（経営書院刊）に書いていますので，詳しくはそれを見て下さい。

　上告受理申立は，過去の最高裁判例（それがない場合は高裁判例

など）に反する・法令解釈に関する重要な事項があるといった民事訴訟法318条1項に定める事由がある場合に限って上告を受理するという制度です。

したがって，同項で定める事由に該当しないと最高裁が判断すれば「上告審として受理しない」旨の決定がなされることになります。

当然のことながら，上告申立の受理自体をしないのですから，上告受理申立理由の内容について判断はしません。

本件事件理由の第3項で「上告受理申立ての理由によれば，本件は，民訴法318条1項の事件にあたらない」と判示されていますが，これが上告不受理の場合の定型文言です。

このような上告受理申立制度は上告審のみに特有な制度です。

６ 上告と上告受理申立の関係について

上告は憲法違反または絶対的上告理由といった民事訴訟法312条1項，2項に定められた場合にのみ許されます（本件事件の理由第1項を見ると，民事事件について最高裁判所に上告をすることが許されるのは民訴法312条1項または2項所定の場合に限られるところ，本件上告の理由は……右各項に規定する事由に該当しないと判示されていますが，この意味です）。そして上告と上告受理申立の両方とも行うこと自体は可能です（もちろん，どちらかだけを行なうことも自由です）。

しかし，上告理由と上告受理申立理由は制度の趣旨からして当然異なることとなりますので，別個の不服理由になるはずで，それぞれそれに応じた理由書を提出することが必要となります。また，上告を理由書提出期限経過後になって上告受理申立に補正したり，その逆といったこともできません。

このように上告手続きと上告受理申立手続きとは厳格に区別され

ているわけです。

第10節 「訴訟費用」「弁護士費用」「損害賠償と弁護士費用」

1 テーマ

　労働事件の中で損害賠償請求訴訟における弁護士費用の負担について，**渡島信用金庫（損害賠償）事件**（札幌地判平13.9.17労判826号9頁，札幌高判平14.3.15同5頁）をモデルに考えてみます。

　まず，基本的な知識として知っておいていただきたいことは，判決の主文でいう「訴訟費用に弁護士費用は入らない」ということです。

　渡島信用金庫事件の一審判決の主文でいえば，「訴訟費用は10分し，その8を原告の，その余を被告の各負担とする」という部分，二審判決の主文でいえば「訴訟費用のうち，控訴費用は控訴人の負担とし，……その余の費用は……〔一審判決主文と同趣旨〕」という部分です。

　それではどういう費用がここでいう訴訟費用となるかといえば，訴状を提起するときの手数料（訴状に印紙を貼るその金額），証人等の日当旅費，鑑定人の報酬，裁判所の出張費用などです。この訴訟費用は原則として敗訴当事者の負担となり（民事訴訟費用等に関する法律61条），一部敗訴のときは裁判所が敗訴割合等を勘案して訴訟費用の負担割合を定めます（同64条）。先ほどの**渡島信用金庫事件**は，後者の例ということになります。

2 弁護士費用と訴訟費用

　なぜ弁護士費用が訴訟費用に入らないのでしょうか。それはわが

国の民事訴訟では訴訟を提起し追行するについて弁護士を必ずつけなければいけないという弁護士強制主義をとっていませんので，当事者本人が自ら訴訟を提起し，または追行することができるからです（弁護士強制主義をとる国もあります）。

弁護士費用について敗訴当事者に負担させることを定める法律も現在ありません。

したがって，弁護士費用は勝っても負けても自分が依頼した弁護士の費用は自分が負担する，ということになっているわけです。

3 弁護士費用は損害となるのか

それでは，なぜ**渡島信用金庫事件**の二審判決が弁護士費用の一部（20万円）を損害として認めたのでしょうか。

弁護士強制主義をとっていないといっても，実際には素人である当事者が訴訟を追行することはなかなか困難であり，やはり弁護士に委任しているのが一般的である実情を考慮して，訴訟費用とはならないものの，交通事故にかかわる損害賠償請求事件等において認容額の5％から10％くらいを弁護士費用相当の損害として認める，という傾向が判例上出てきたことを受けてのことでしょう。

同様に，嫌がらせのような不当訴訟において弁護士費用の一部を損害として認める，という例も判例上あります。

では，すべての損害賠償請求事件でこのような弁護士費用を損害の一部とみてくれるのでしょうか。そうではありません。

不法行為を理由とする損害賠償や先ほどの不当訴訟といった例に限られており，しかも弁護士費用を損害として認容するかしないかは裁判所の判断であり，仮に認容したとしてもその認容金額は実際にかかる弁護士費用ではなく，裁判所が適当と判断した金額に限定されます（不法行為と相当因果関係のある損害部分に限る）。

4 二つの考え方

　以上のことを前提として弁護士費用と損害の関係を検討すれば、二つの考え方が出てくることは当然だと思います。

　一つは、日本では弁護士強制主義をとっておらず、当事者で訴訟追行が可能なのですから、実際に弁護士を委任するかどうかは当事者の自由（選択）であって、事実上弁護士を依頼することが多いとしてもそれは法律上の損害とはいえない（相手方の不法行為と相当因果関係がある損害とはいえない）として、弁護士費用を損害として否定する考え方です。

　二つ目は、交通事故訴訟と同様に、労働事件の場合にも相手方の不法行為と相当因果関係があるとして、弁護士費用（の一部）を損害として肯定する考え方です。判例もこの両者の考え方が並立しています。

　渡島信用金庫事件の一審判決は、前者の考え方をとり、「原告は、本件救済命令の申立て、本件救済命令の取消しを求めた行政訴訟に対する補助参加の申立て及びKによる本件解雇等訴訟に要した各弁護士費用の賠償を求めるけれども、いずれの手続も弁護士強制主義は採用されていないから、上記各弁護士費用は、被告の不法行為と相当因果関係のある損害と認めることはできない」と判断し、一方、二審判決は「本件救済命令の申立て手続等のために、被控訴人が弁護士に委任したことに基づく費用のうち、20万円については、本件一連の不当労働行為に基づく損害と認めるのが相当である」と判断しています。なお、なぜ20万円かといえば、本体の損害額を200万円と評価していますから、その10％を相当因果関係がある損害としたということでしょう。

　このように、同じ事件において一審と二審では全く異なる考え方

をとっています。特に二審は一審の考え方を否定したわけですから，弁護士強制主義をとっていなくても損害の一部と認められる根拠について，もう少し詳しく判示してほしかった気がします。

5 その他の具体例

4でみたように労働事件で，弁護士費用と損害の関係について定説はなく，弁護士費用が損害額として認められるケースが多いのかどうかは定かではありません。

私が担当した事件で，裁判所は「原告らは，労働委員会への救済申立を余儀なくされたことにより，書記料，出頭費用及び弁護士費用相当額の損害を被ったと主張する。……しかしながら，労働委員会に対し救済申立をするか否かは，原告らの判断に委ねられている事項であるから，原告らがその独自の判断により労働委員会に対して救済申立を行い，そのために相応の支出をしたとしても，それは被告の不法行為と相当因果関係にある損害とはいえない。弁護士費用もまた同様である」とし，そして「原告らが，被告の団交拒否によって，事実上このような出費を余儀なくされたことは，その無形損害の額を算定するに当たり考慮すれば足りるものというべきである」と判示しました（佐川急便〔全日本港湾労組など〕事件・大阪地判平10.3.9労判742号86頁）。

この考え方は，弁護士強制主義をとっていないことのみならず，原告らの判断で救済申立等を行っている以上，被告の行為と相当因果関係がないといっているように読めます。また，弁護士費用等については無形損害の額の算定に当たって考慮すれば足りるのであって，独自の損害ではないとしていますから，**渡島信用金庫事件**の一審の考え方に近いようですが，完全に同じというわけでもなさそうです。

一方，弁護士費用も損害とした事例として，**野村證券（男女差別）事件**（東京地判平14.2.20労判822号13頁）をあげておきます。

同事件で裁判所は，「不法行為の被害者が，自己の権利擁護のため訴えを提起することを余儀なくされ，訴訟追行を弁護士に委任した場合には，相当と認められる額の範囲内の弁護士費用は，不法行為と相当因果関係に立つ損害というべきである」としています。そして，「本件事案の難易，前記……の認容額その他諸般の事情を総合する」として判断し，その結果，会社が原告Ⅰを除く原告らに支払うべき弁護士費用は35万円から49万円まで各人別に認定しています。つまり，その範囲で相当因果関係のある損害と認めたということになります。35万円から49万円がどうしてでてきたかといえば，やはり前述のケースと同様，本体の慰謝料額（損害額）が350万円から490万円ですから，その10％を相当因果関係のある損害と認定したということです。

同様に，**東豊観光事件**（大阪地判平13.10.24労判817号21頁）は，賃金差別等の不当労働行為による不法行為を理由とする損害賠償請求のようですが，裁判所は弁護士費用について極めて簡単に（簡単すぎて根拠とはいえないような気がします），「弁護士費用については，弁論の全趣旨により，右……の損害金合計額の約1割に相当する金額についてこれを認めるのが相当である」とだけ述べて，一部を認めています。

6 将来の方向

今まで述べてきたように，損害として弁護士費用が認められるかについて，労働事件でも前述のように二つの対立する考え方があります。そこで，労働事件に限らず，弁護士費用敗訴者負担主義を正面から立法化しようという考え方が出てきていますが，弱者の救済

にならないとか,訴訟を提起することを抑制する方向に働くとして,反対も強く,結局立法化はされておりません。

第11節 「仮執行宣言」「その失効,原状回復」

1 テーマ

「仮執行宣言」と仮執行した原告が上級審で敗訴した場合について述べてみます。

2 仮執行宣言とは

労働事件の場合に限らず,判決で被告に対して金銭の支払いが命じられる場合には「仮執行宣言」というものが付されるのが通例です。

このことは判決例の主文を見れば分かります。例えば,労判850号12頁掲載の**綾瀬市シルバー人材センター(Ⅰ工業所)事件**(横浜地判平15.5.13)の主文は次のとおりとなっています。

(1項)被告は,原告に対し,1620万8894円及びこれに対する平成9年11月20日から支払済みまで年5分の割合による金員を支払え。

(4項)この判決は,原告の勝訴部分につき,仮に執行することができる。

ここでいう4項がいわゆる仮執行宣言というもので,民事訴訟法259条1項の「財産権上の請求に関する判決については,裁判所は,必要があると認めるときは,申立てにより又は職権で,担保を立てて,又は立てないで仮執行をすることができることを宣言することができる。」を根拠とするものです。

金銭の支払い等は判決が確定して執行するのが本来ですが,仮執

行宣言は，確定前であってもこの条項により原告に特別の配慮をしたものということができます。要するに，財産上の請求（金銭請求）であれば，後になって判決が取消されたり変更された場合でも原状回復が比較的容易ですし，結局は金銭賠償で解決（原・被告間の調整）がつくということが理由なのです。

したがって，金銭請求（財産権上の請求）の場合には，その事案（内容）のいかんを問わず，判決で仮執行宣言が付されるのが原則です。

そこで問題となるのが，仮執行宣言が付された判決に基づき仮執行した原告が上級審で敗訴した場合どうなるかということです。

3 仮執行宣言の失効と原状回復等

民事訴訟法260条は，仮執行の宣言は「その宣言又は本案判決を変更する判決の言渡しにより，変更の限度においてその効力を失う」（同条1項）とし，また「本案判決を変更する場合には，裁判所は，被告の申立てにより，その判決において，仮執行の宣言に基づき被告が給付したものの返還及び仮執行により又はこれを免れるために被告が受けた損害の賠償を原告に命じなければならない」（同条2項）と定めています。

つまり，原審の判決と異なる結論となった場合，原審での仮執行宣言は効力を失うこととなり，原状回復等をしなければならないということになります。原状回復というのは，仮執行宣言が取り消された結果，仮執行に基づいて支払われたものは一種の不当利得状態となるので，それを返還することとなるというわけです。

給付したものの返還（原状回復）や損害賠償を求める方法は，一審被告が当該訴訟とは別に裁判を起こしてこれを求めることもできますが，そのような迂遠な方法をとらなくとも，当該訴訟の継続中に

その手続きにおいて給付したものの返還や損害賠償を請求することも可能です（260条2項）。これは債務者の便宜を考えて手続的な便法を認めたもの、ということができます。

4　具体的事例

実際の裁判例の中で、どのような申立てや判断となるのかをみてみます。

① **奥道後温泉観光バス事件**（労判853号14頁）では、一審被告が控訴の趣旨の中で、次のとおりの民事訴訟法260条2項の申立てを行っています。

控訴の趣旨(3)部分です。「被控訴人らは、控訴人に対し、それぞれ本判決添付別紙給付額一覧表(1)の当該被控訴人に対応する『合計』欄記載の各金員……に対する、それぞれに対応する各支払日欄記載の日から支払済みまで年5分の割合による金員を支払え。」

この申立てについて、控訴審は次のとおり判示しています。

「上記に関し、本判決で認容した部分は、本判決添付別紙賃金目録記載1(2)であるところ、それは通勤手当を控除したものであるから、返還すべき金額は、本判決添付別紙給付額一覧表(2)のとおりとなる。そうすると、民事訴訟法260条1項により、原判決の仮執行の宣言は、原判決を変更する本判決の言渡しによりその効力を失うことになり、同条2項により、被控訴人甲野一郎は、控訴人に対し、金6万2000円及びこれに対する本判決言渡しの日の翌日から支払済みまで民法所定の年5分の割合による遅延損害金の、被控訴人乙山は、控訴人に対し、金10万4000円及びこれに対する本判決言渡しの日の翌日から支払済みまで年5分の割合による遅延損害金の各返還義務があるというべきであるが、控訴人のその余の申立ては理由がない。」

② **みちのく銀行（差戻前）事件**（仙台高判平8.4.24労判693号22頁）

では、一審被告は260条2項の申立てについて、次のとおり求めています。判決文では、「仮執行の原状回復の申立」として記載されています。

「第一審被告の申立の趣旨

第一審被告に各金員の支払を命じた原判決が取り消され、第一審原告らの請求が棄却されたときは、第一審被告に対し、第一審原告Aは537万2120円、第一審原告Bは354万5860円、第一審原告Cは287万0530円、第一審原告Dは159万円、第一審原告Eは132万6280円、第一審原告Fは32万5200円及び各金員に対する平成5年3月31日から支払済まで年5分の割合による金員を支払え。」

これに対して裁判所は、主文第5項で次のように判示しています。

「第一審被告の仮執行の原状回復申立に基づき、第一審被告に対し、第一審原告Aは537万2120円、第一審原告Bは354万5860円、第一審原告Cは287万0530円、第一審原告Dは159万円、第一審原告Eは132万6280円、第一審原告Fは32万5200円及び各金員に対する平成5年3月31日から支払済みまで年5分の割合による金員を支払え。」

5 原状回復と過失の有無

仮執行宣言が付された場合、原告はそれに基づいて執行ができますから、「仮執行」とはいっても、認められた債権の全部につき回収することができます。

なお、金銭給付を命じる判決の場合でも、裁判所の裁量で（事案によって）仮執行宣言を付さない場合もあります。

3で述べたように、上級審でその判決が変更になった場合、仮執行宣言は変更の限度で失効し、債権者（一審原告）は原状回復すべき義務を負いますが、原状回復にとどまらず債務者（一審被告）に

損害が発生した場合にはこれを賠償する義務も負います（民事訴訟法260条2項）。この損害賠償義務は無過失責任である，というのが判例の考え方です。

ですから，執行した債権者（一審原告）に過失がなかったとしても，債務者（一審被告）に損害が発生した場合にはその損害も賠償をしなければならないということになります。

そして，損害賠償の範囲については，仮執行と相当因果関係にあるすべての損害とするのが判例（最三小判昭52.3.15民集31巻2号289頁）です。つまり財産的な損害のみならず，精神的な損害（慰謝料等）も含まれることになります。

6　原状回復等の申立ての時期

「給付したものの返還や損害賠償の請求は当該訴訟手続の中でも行うことが可能」といいましたが，いつまでに申立てをしなければならないのでしょうか。

控訴審においてできることは当然であり，先ほどの事例はすべて控訴審の判断です。上告審ではどうでしょうか。

上告審でもこの申立てはできますが，本来この申立ては事実審で行うのが原則であるところから，控訴審で申立てをしなかった場合に上告審でこの申立てをすることは認められていません（最一小判昭55.1.24民集34巻1号102頁）。

第12節　「抗告」「許可抗告」

1　テーマ

労判806号12頁掲載のレンゴー事件（最一小決平13.2.22）を題材

として,「抗告」,「許可抗告」について説明します。

抗告という言葉は,労働法上の言葉ではなく,訴訟や審判手続きにおける用語です。労働事件を含む民事訴訟事件はもちろんのこと,刑事訴訟や少年事件,家事事件における手続きにおいても登場します。

ですから,訴訟法上の用語となりますので,普通の人には身近に感じられないと思います。

民事訴訟事件についていえば,抗告とは簡単にいえば裁判所の決定や命令(判決ではありません)に対する不服申立ての手段なのですが,判決に対する不服申立てである控訴や上告(上告受理申立て)と異なり,訴訟に携わる弁護士でもそう頻繁に扱うものではありません。

なぜなら,裁判所の決定や命令をもらう機会もそう多くはなく,また,結局は終局的な結果である判決がどうかという問題であって,その過程での決定や命令に対する不服申立てもそんなに多くはないからです。

2 レンゴー事件をモデルに

レンゴー事件における決定は,次のとおり書かれています。

「東京高等裁判所平成12年(ラ)第10号補助参加申出の却下決定に対する抗告について,同裁判所が平成12年4月13日にした決定に対し,抗告人から抗告があった。よって,当裁判所は,次のとおり決定する。」

次に,主文として「原決定を破棄する。本件を東京高等裁判所に差し戻す。」となっています。

主文のほうはまだしも,前書きの部分の意味が分かりますか？なんだかよく分からないというのが普通だろうと思います。

そこで、抗告および許可抗告について説明することとします。

3 抗告という手続き

抗告は、先ほど述べたように「裁判所がなした決定や命令に対する不服申立て」手続きです。

では、裁判所の決定や命令というのはどういう場合に起こりうるのでしょうか。原告が裁判を提起してその結果としての判決というのはイメージとしても理解しやすいと思いますし、その判決に対する控訴等の不服申立手続きもイメージしやすいと思いますが、判決ではない決定や命令とは、いつなされるのかについてよく分からないと思います。

決定は、訴訟事件に限らず、審判事件（例えば、家事事件や少年事件）や倒産事件においてなされるものですが、あくまでも最終的な権利確定の手続きとは異なり、事案に即した迅速な対応を目的とするものです。

民事訴訟事件でいえば、判決に至るさまざまな局面で決定やそれに対する不服申立てとしての抗告がなされます。例えば、次のような場合です。

① 訴状に貼る印紙額の金額(これも裁判所が算定して決まります)について、その算定が誤っていると思えば、裁判所の決定に対する不服申立てということになります。

② 裁判所で審理をする場合、どの裁判所（どの地方の裁判所）にするかは原告が自分に一番有利な管轄地を選択して提訴するのが普通ですから、被告は自分に有利な別の裁判所に移送して審理を求めることがよくあります。その移送を認めるかどうかについて移送を認めるという決定もあれば、移送を認めないという決定もあります。これに対する異議が出ることも当然でしょう。

③　訴訟の過程で当事者が自分に有利な立証活動を目的として，相手方の持っている文書について文書提出命令を求めることがありますが，裁判所がその文書提出命令の申立てを認める場合もあれば，却下する場合もあります。これらも決定という形で判断が下されます。これに対する異議もあります。
④　本案事件ではなく，民事保全法に基づく仮差押や仮処分は，緊急の必要性に基づくものですが，決定という形でなされます。

　仮差押や仮処分が却下された場合について不服がある場合も異議を出すことになります。

　こうして異議申立(抗告)をした場合は，その理由があるかどうかを裁判所が判断しますが，その答えはやはり「決定」という形でなされます。この再度の結果について不満がある場合はどうなるのでしょうか。本案判決の場合，控訴審での結果に不満があれば上告または上告受理申立てができますが，決定の場合はどうなるのでしょうか。

4　抗告の種類，許可抗告とは

　民事訴訟法上の抗告の区別（種類）を述べれば，不服申立てをする期間が1週間と制限されている「即時抗告」とそのような制限がない「通常抗告」とに分かれます。その他に「特別抗告」や「許可抗告」という制度がありますが，いずれにせよ法律で認められた場合に限り不服申立てをすることが可能です。

　特別抗告（民訴法336条）というのは，本来は不服申立が許されない地裁や高裁の決定や命令に憲法違反があるということを理由として最高裁に行うものです。

　しかし，世の中にそうそう憲法違反がないのと同様，裁判所の決定や命令に憲法違反があるというのはごく限られた場合に過ぎない

でしょう。したがって，特別抗告してもそれが認められる場合は本当に数少ないことになります。

一方，許可抗告（民訴法337条）というのは，法令解釈に関する重要な事項を含む事件であると高等裁判所が認めて許可したことを要件とする制度です。これは，平成10年の民事訴訟法の改正施行に伴って新たに設置された制度です。

本案事件における上告受理申立制度と似ているような感じがすると思います。しかし，上告受理申立制度と異なるのは，法令解釈に関する重要な事項を含むかどうか，つまり，抗告を許可するか否かについての判断権が高等裁判所にあるという点です（本案事件における上告受理申立制度では，法令解釈における重要な事項を含むかどうかの判断権は最高裁判所にあります）。

こう書くと，高等裁判所は自分がなした決定が正しいと判断して行っているのであって，それに対する異議（法令解釈に関する重要な事項を含む事件であって，高等裁判所の決定が誤っているという理由で不服申立てすることになります）を認めるというのは高等裁判所の判断に対する自己否定であり，許可をするはずがなかろうという疑問を持つ方もいるかもしれません。

この点は，高等裁判所は自らの決定や命令が正当であると思っても，自らの判断と異なる他の判例があるとか，法令解釈に重要な事項を含むときは，抗告を許可すべきであるという許可抗告制度を信頼する（そうするだろうという裁判所の判断を信頼する）ほかはありません。

したがって，いったん高等裁判所が法令解釈に関する重要な事項を含むとして抗告を許可した場合には，最高裁判所は必ずその内容について判断することになります。

つまり，本案事件における上告受理申立制度にあるような「事件

として受理しない」といった冷たい回答はなされないことになります。

5 レンゴー事件の読み方

以上を参考にしてレンゴー事件の決定を読むと、次のようになります。

宇都宮地裁で甲野花子さんが原告となり、労働基準監督署長を被告として、行政処分取消しの訴えを起こしていたわけですが、レンゴー株式会社は甲野花子さんの死亡した夫太郎氏の使用者であり、行政処分取消し訴訟において業務起因性が認められると会社にも影響があるとして労働基準監督署長（被告）に補助参加の申出をしたところ、甲野花子さんが補助参加について異議を述べたので、宇都宮地裁が平成12年2月24日、会社からの参加申出について判断をし、参加申出について却下したわけです。

そこで、同年3月1日、レンゴー株式会社が東京高裁に対して即時抗告をしたところ、東京高裁もその抗告を退けたので（この決定が前文にある平成12年4月13日の決定となるわけです）、同社が高裁の決定は法令の解釈に関する重要な事項を含むと認められる場合に該当するとして、最高裁に対する許可抗告を行ったのが本件なのです。

その結果、東京高裁は許可抗告を認め、最高裁が審理し、東京高裁の決定（主文で原決定と記載されているもの）を破棄して、東京高裁に審理のやり直しを命ずるために差し戻したというものです。

したがって、この事件は、会社は本案訴訟である行政訴訟事件においては原告でもなく、被告でもありませんが、被告である労働基準監督署長を補助するための参加申出の適否について争われたということになります。

なお，本案で原告である甲野花子さんは，参加申出について異議を出したため，レンゴー事件では相手方と表示されています。

第13節 「最高裁判決での破棄・差戻し」「意見」「反対意見」

❶ テーマ

最高裁判決にある「原判決を破棄する」「○○高等裁判所に差し戻す」という主文の意味と，その判決の理由部分に述べられる「意見」「反対意見」「補足意見」という言葉について，**東朋学園事件**（最一小判平15.12.4労判862号14頁）などを題材に説明します。

❷ 最高裁判決と「破棄・差戻し」

最高裁判決はいうまでもなく，最終審の判決ですから，その事件の最終判断になるはずです。

ところが，**東朋学園事件**の判決を見ると，主文は「原判決中上告人敗訴部分を破棄する。前項の部分につき本件を東京高等裁判所に差し戻す」となっています。したがって，これが上告に対する最高裁判所の答えということになります。

それがどのような意味であるかといえば，まず，①原審（東京高等裁判所）判決で上告人（東朋学園）が敗訴した部分を破棄したわけです。次に，②上告人が敗訴した部分（最高裁が取消した部分）について，原審の事実認定から最高裁判所が結論を出せるのであれば結論を出します（これを破棄・自判といい，例えば**崇徳学園事件**〔最三小判平14.1.22労判823号12頁〕があります）。一方，最高裁判所は事実審ではないため，結論を出すために新たな証拠調べが必要となれば最高裁で行うことはできませんから，原審に差し戻すこと

になります（これを破棄・差戻しといいます）。**東朋学園事件**では後者の結論をとったわけです。

つまり、原判決を最高裁判所が破棄した場合には、自判するか差し戻すかどちらかということになります。

東朋学園事件では、主文第2項で東京高等裁判所に差し戻していますが、その理由として次のとおり述べています。

「以上によれば、原判決中上告人敗訴部分は破棄を免れない。そして、本件においては、原審において判断されていない就業規則の不利益変更及び信義則違反の成否等の点について更に審理を尽くさせる必要があるから、前記部分につき本件を原審に差し戻すこととする」

なお、破棄して差し戻す場合、高等裁判所に差し戻すのが普通ですが、必ず高等裁判所に差し戻すかといえばそうともいえません。**中央労基署長（労災就学援護費）事件**（最一小判平15.9.4労判858号48頁）では、「原判決を破棄し、第1審判決を取り消す。本件を東京地方裁判所に差し戻す」となっていますので、東京地方裁判所（第一審）に差し戻すことになります。

したがって、破棄・差戻しとなればその事件は従前の延長として裁判所に継続することになります。最高裁で破棄・差戻しになって高等裁判所に事件が戻り、同裁判所で判決が出た場合、その判決に不服があれば再び最高裁判所に上告することができます。

3 最高裁判決と上告棄却

もちろん、最高裁判決は**東朋学園事件**のように、原判決を破棄するというタイプばかりではありません。

上告人の主張に理由がないと判断した場合には、上告棄却の判決がなされることはいうまでもありません。

新日本製鐵(日鐵運輸第2)事件(最二小判平15.4.18労判847号14頁)では,主文として「本件上告を棄却する。上告費用は上告人らの負担とする。」旨判示されています。

なお,同事件の判断部分では,最後に「以上のとおりであるから,所論の点に関する原審の判断は,正当として是認することができる。原判決に所論の違法はなく,論旨は採用することができない。よって,裁判官全員一致の意見で,主文のとおり判決する」と述べられています。

ところで,上告が棄却される場合は,いつも「原審の判断は,正当として是認することができる」となるかといえば,そうでもないのです。

「正当として是認することができる」というのは,最高裁判決として原判決を積極的に支持するものですが,その他「是認できる」「この趣旨をいうものとして是認できる」などという表現の場合もあります。だんだん消極的支持の色合いが強くなるというわけです。

4 最高裁判決における意見,反対意見など

最高裁判決には,高等裁判所以下の判決にはない「意見」の表記がなされます。

これは,裁判所法に定められたものであり,最高裁の裁判官に義務として課せられたものです。例えば,前記**新日本製鐵事件**では,「裁判官全員一致の意見で,主文のとおり判決する」と表記されていますが(下級審の判決では,「裁判官全員一致の意見で」などとは表記されません),必ずしも全員の意見が一致しない場合はどのような表記になるのでしょうか。

東朋学園事件では,「よって,裁判官泉徳治の反対意見があるほか,

裁判官全員一致の意見で、主文のとおり判決する。なお、裁判官横尾和子の意見がある」と表記されています。

この「反対意見」というのは、結論において反対であること、当然理由も反対であることを意味します。具体的にいえば、**東朋学園事件**の多数意見（これを法廷意見と呼びます）は、「上告人敗訴部分破棄、原審差戻し」ですが、泉裁判官は「上告を棄却すべき」という結論なのです。それは、「裁判官泉徳治の反対意見は、次のとおりである。私は、本件上告は理由がなく、これを棄却すべきものと考える。（以下略）」という部分から分かるわけです。

これに対し、横尾裁判官の「意見」とはどのようなものなのでしょうか。

「裁判官横尾和子の意見は、次のとおりである。私は、原判決中上告人敗訴部分を破棄差し戻すべきであるとする多数意見の結論に賛成するものであるが、平成7年度……については、次の理由により無効であることが明らかであると考えるものである。（以下略）」となっている部分から分かるように、原判決破棄・差戻しという結論については横尾裁判官も賛成していることになります（この点で泉裁判官と異なります）。しかし、その考え方のうち一部について、多数意見と異なる部分があるために、個別的に意見を表示したというわけです。

5 多数意見と少数意見

このように、最高裁判決にあっては多数意見がその判決の法廷意見となり、判例としての拘束力を持つことになります。

逆にいえば、個別意見や反対意見は判例としての拘束力は有しないことになります。

この点について、大野正男元最高裁判事はその著書『弁護士から

裁判官へ』で次のように語っています。

「最高裁に入って,一番強く感じたのは,判例中心主義の強さであり,逆に言うと個別意見に対する評価の低さであった。一旦最高裁裁判官が多数によって法廷意見を形成すると,同種事件に対する下級審の判断を拘束する。たとえその判例が八対七あるいは三対二の僅差の多数であったにしても,少数意見が法的に意味のあるものとして取り扱われることはない。ただその後,最高裁が判例変更をする場合に参考とされる余地が事実上あるのみである。多数意見の外にある個別意見は無視されるか,あるいは敬意をもって遠ざけられるのが通例である」(105頁)。

かなり辛辣な文章ですが,法的にいえば真にそのとおりというほかはなく,したがって,研究者などが少数意見のほうが正しいといくらいっても実際上効果がないのはこのゆえなのです。

一方で大野氏は次のようにも述べており,少数意見の表明を意義あるものとしています。

「しかし,それにもかかわらず,最高裁裁判官の少数意見の表示は民主主義の基本的ルールであって,わが国でも,今日では重要な制度であるとほとんどの人が考えているであろう。そして,最高裁判事にとっても,少数意見として自らの意見を公表する以上は十分批判に耐えるものであろうとするのは当然であるし,多数意見に加わる裁判官としても個別意見による批判を考えて,より説得性のある論理の形成につとめる動機ともなっている」(110頁)。

第13章
その他実体法上の用語

第1節 「公序良俗」「信義則」

1 テーマ

「公序良俗」「信義則」という用語について説明します。公序良俗は,「こうじょりょうぞく」と読み,信義則は「しんぎそく」と読みます。

公序良俗という言葉は,日常の生活で使う言葉ではないと思いますが,「公の秩序,善良な風俗」を意味する言葉です。したがって,公の秩序とは何か,善良な風俗とは何かということになりますが,そもそも,公の秩序と善良な風俗とは異なるものなのでしょうか?

文字どおり解釈すれば,公の秩序とは国家や社会の秩序,その一般的利益を意味し,善良な風俗とは道徳を意味するわけで,二つは異なるということになるのでしょうが,法文上の用語として「公序良俗」を使用する場合,そのどちらに該当するのかをあまり問題としておらず,両者を区別せず社会の秩序,社会規範,社会的妥当性といった程度の意味に使用しています。

法違反と公序良俗違反は異なる概念との考え方もありますが,公序良俗を広く捉えて法違反は公序良俗違反の一つの類型との考え方もあります。

民法90条は「公の秩序又は善良の風俗に反する事項を目的とする法律行為は無効とす（る）」と定めていますので，結局，公序良俗に反する法律行為は無効であるという形で判例上出てきますが，当然公序良俗の内容自体が社会の変化によって変わってくるものですから，何がこれに該当するかは法文上具体的ではありません。

　例えば，博打に負けた債務の弁済を目的とする貸付けは公序良俗に反して無効であるとか，弁護士の資格のない者が弁護士法に反する委任契約をした場合には公序良俗に反して無効であるなどという使われ方をします。

　労働法の世界で，男女で異なる定年制を定めた事例（いわゆる女子若年定年制）において，性別のみを理由とする不合理な差別であるとして，民法90条違反とされた例があることは皆さんも覚えているかもしれません。

2　公序良俗違反と判例

　1で述べたように，公序良俗違反は民法90条違反のことですから，労働法に限ったものではなく，さまざまな局面で使われる主張です。

　しかし，公序良俗違反となれば直ちにその行為が無効となるという強力な効果を生ずる主張ですし，また，違反かどうかの基準が事前に当事者に判明しているとはいえませんので，当事者にとって，合意した内容が後日になって違法とされるという，いわゆる不意打ちとなる可能性もあります。

　したがって，裁判所が公序良俗違反を認定することになかなか慎重なのも理解できると思います。

　最近の労働判例でいえば，労働協約の適用対象を特定日に在籍する従業員に限定したことや，増額した退職金の支給対象を特定日以降に退職した者に限定するという労働協約が平等原則，信義則ない

し公序良俗に反するかという争点について判断した例があります（**阪和銀行事件**・和歌山地判平13.3.6労判809号67頁）。

そこでは、「業務停止命令を受けてから……労働協約が締結されるまでの間には、一定の時間的なずれが生ずることは当然のことと考えられ……将来締結されるべき労働協約から排除する目的のもとに、ことさら原告らに早期退職を勧めたなどの特段の事情がない限り、……差異が生ずることはやむを得ず、これをもって原告らの主張するような平等原則、信義則ないし公序良俗に反するとまでいうことはできない」としています。

逆にいえば、原告らを将来締結する労働協約から排除する意図のもとに早期退職を勧めたといった特段の事情があれば、公序良俗違反になるということかもしれませんが、そうなると退職が無効になるのか、退職は有効であるがその後に締結された労働協約の適用があるというのか、この点は不明です。

このように、契約当事者がいったんは合意した契約内容につきこれが公序良俗に反するという形で公序良俗違反が主張されることもあれば、契約当事者となっていない者が契約内容を自分に適用しないのは公序良俗違反であるという形で主張されることもあるわけです。

3 信義則とは

上記の判例でも出てきたように、公序良俗違反と信義則違反はよくセットで主張されます。信義則は、正確には信義誠実の原則と呼ばれ、民法1条の「権利の行使及び義務の履行は信義に従い誠実に行わなければならない」という条文に根拠を有します。同じく1条で、権利の濫用はこれを許さないとされていますが、これは権利濫用禁止の原則と呼ばれます。

この条文から分かるように，公序良俗違反と同じく，信義誠実とは何かについては法は具体的に定められておらず，個別事案ごとの判断ということになります。信義則（信義誠実の原則）とは，一定の契約関係や特定の状況下にある者の正当な利益や正当な期待を保護しようというものであり，当事者間の権利義務を調整する原則です。

　口の悪い人は，民事訴訟で「公序良俗違反」「信義則違反」「権利の濫用」などを主張するようになったら終わりだ，攻撃防御方法としては犬の遠吠えみたいなものだといいます。こんな大ぶろしきみたいな主張をしてもほとんど通らない，最後のダメモトの主張だという意味です。

　確かに一般的にはそうかもしれませんが，労働法の世界では必ずしもそうとはいえません。

　例えば，解雇権の行使が権利の濫用に該当し，違法・無効となるというケースが多いのは皆さんもご存知でしょう。ただし，これは解雇権の行使についての判例法理がある程度確立され労働契約法でもそれがとり入れられるという歴史があるからです。私の感覚では，確かに公序良俗が認められるケースはかなりまれですが，信義則違反はそこまでまれともいえないという気がします。

　信義則違反も権利濫用も民法１条を根拠にしていますので，一緒に主張されることも多いのですが，強いて区別すれば，契約当事者のような一定の関係に立つ者については信義則違反の主張がなされ，そのような関係にない場合に権利濫用の主張がなされるといえるでしょう（もっとも，労働契約関係にあった者に対する解雇について，信義則違反ではなく，解雇権の濫用かどうかですので，必ずしもこのとおりというわけでもありません）。

4 信義則違反，権利の濫用

　いわゆる正社員の労働契約関係を解消する手続きは解雇となりますが，その解雇をめぐって争われた場合は今まで述べてきたように解雇権の行使が濫用かどうかを議論することになります。一方，有期契約社員（期間を定めた雇用契約を締結した社員）の契約期間満了時において契約を終了する場合は解雇ではありません。しかし，その雇止めが直ちに適法かといえばそう簡単にはいきません。

　カンタス航空事件（東京高判平13.6.27労判810号21頁）は，期間の定めのある契約をした従業員の雇止めについて，最高裁判例（**東芝柳町工場事件**・昭49.7.22労判206号27頁）を引用して判断しています。「期間の定めのある契約であっても……実質上期間の定めのない契約と異ならない状態にあり，……使用者の言動等により，単に期間が満了したという理由だけでは使用者において雇止めを行わず，労働者もまたこれを期待，信頼し……てきたような事情がある場合には，雇止めの効力を判断するに当たっては，解雇に関する法理を類推し，……特段の事情がない限り，期間満了を理由として雇止めをすることは信義則上許されない」と一般論を述べています。そして，本件において解雇の法理が類推され，かつ，特段の事情がないとして雇止めが信義則上許されないという結論に至っています。

　本件で雇止めが権利の濫用になるとしていないのは，たぶん，解雇の場合には解雇権の行使という使用者の行為がありますが，期間満了による契約の終了の場合には使用者は何の行為もしていませんので権利の濫用というわけにはいかず，信義則の法理を使わざるを得なかったものと思います。

　しかし，なぜ信義則に反するのかは結局のところ個別判断になるわけで，カンタス航空事件も一審と二審とで結論が逆になっている

ことからも明らかなように,同一事実に対する裁判官の価値判断が表に出てくるといっても過言ではありません。

先に述べたように,信義則が当事者間の権利義務の調整機能を果たすといっても,結果に対する当事者の予測が事前に立たないことが欠点であるといわざるを得ません。これは権利の濫用論でも同様の問題であり,いわゆる一般条項に共通する問題なのです。

第2節 「事情変更の法理」

1 テーマ

労働法の世界での「契約自由の原則」と「事情変更の法理」について述べてみます。

2 契約自由の原則と事情変更の法理

どのような契約であれ,そもそも契約を締結するか否か,そしてどのような内容の契約を締結するかは当事者の自由です。したがって,当事者の合意のうえで成立した契約はお互いの意思の合致があるものとしてその内容は守られなければならないというのが,私的自治の大原則です。

このことは,労働法の世界であろうと民法の世界であろうと商法の世界であろうと全く同様であり,成立させた契約は守らなければいけないという原則が私的自治の根幹です。

しかし,この原則に全く例外はないのでしょうか。もちろん,将来,事情や状況が変わる可能性があることをも考慮したうえで契約を締結しているはずですから,ちょっと事情が変わったからといって,それを理由に,契約が破棄できるとか,内容の変更ができると

いうのでは当事者のみならず社会全体の安定性を欠く結果になることは当然です。しかし，契約を締結した当時の社会的状況や契約が成立するに至った基礎的な事情などに，契約当時と大きな変動があった場合にまで，契約内容を守れと強制することが社会的な正義（民法1条でいう信義誠実の原則）に適うのかということが問題になります。

そこで，このような場合には一旦締結した契約の変更や破棄（解約）を求めることができるという考え方を「事情変更の法理」といいます。ただし，この法理はいったん締結した契約は守らなければならないという私的自治の大原則に対する例外ですから，極めて例外的な場合に限り適用されるにすぎないということを覚えておいてください。

3 労働法の世界での具体的適用

事情変更の法理は，信義誠実・公平の原則に基づく一般法理ですから，もちろん労働法の世界にも適用があります（この意味は，事情変更の法理の主張が許されるということであって，認められるかどうかとは別です）。

そこで，労判802号27頁の池貝事件（横浜地判平12.12.14）を例にとって検討してみます。被告会社は「平成11年4月21日，同年12月3日に一時金を支給できるとの経営判断の下に，ユニオン及び組合との間で，それぞれ一時金に関する協定を締結した。……右のような一時金に関する協定の締結後の事情に鑑みれば，事情変更の原則に従い，一時金の半額については，支払を行っても会社の経営に危機を発生しないと考えられる時点……まで支払の猶予を求め得るというべきである」と主張しています。

簡単にいえば，協定を締結したけれどもその後の状況や事情が変

わったので，事情変更の原則を適用すべきである（協定内容の履行を求めることは信義誠実・公平の原則に反する），その結果，協定内容は変更されるべきであるというのが会社の主張だろうと思います。

　この主張について，原告は次のように反論しています。
- 　一時金は組合と被告会社との協定に基づき発生した労働債権であり，事情変更の原則が適用される余地は極めて少ない。
- 　一時金に関する協議で金額を低く抑えることが可能であったのにそのような対処を被告会社はしていない。
- 　その後の売上高をある程度予想し得たはずであるから，協定から半年の間に予測できない（予測できなかった）事情の変更などはそもそも存在しない。

　だから，事情変更の原則が適用されるべきではないと主張しました。

　これらの双方の主張について，裁判所がどう判断したかといえば，「事情変更」と題する部分（34頁）において，

　「平成11年度は，従業員に対して一時金の半額の支払につき延期を求めることも，やむを得ない経営状況にあったことは明らかである。しかし，被告が75期，76期に特別損失を計上する必要があったことは予想し得たことであり，また，わが国の企業における設備投資が近時の不況の影響を受けて低迷を継続したことは，公知の事実であり，……約束どおりに支払えないものが生ずることは，当然に予測すべき事柄である。」これらの点と76期においても2億円の営業利益があることも総合すると，「協定が成立した平成11年4月21日からその支払日である同年12月3日までの間に，被告が予想し得ない事態が生じたとは，到底いうことができない」から「年末一時金について，事情変更の原則が適用され，支払期日が延期されるものということはできない」などと判断して，被告会社の主張を排斥

4 　事情変更の法理の要件

　上記の判例では，協定が成立してその合意された支払日までに会社が協定締結時に予想し得ない事態が生じたということはできないし，また，会社は取引先に対して支払の延期を求めていないのに一時金についてのみ延期を求めるというのはおかしいではないか，としていますので，事情変更の法理が適用されるためには，少なくとも当事者に契約締結当時には到底予想できなかった事態が発生したのかどうかが要件となります。

　契約締結に当たっては，締結後の状況変化も考慮したうえで（あるいはある程度状況が変わることを予測したうえで），お互いが締結するかどうかを判断するわけであり，「事情が変わった」だけでそう簡単に契約の変更や破棄を認めるわけにはいかないということは当然でしょう。

5 　労働法における特殊性

　問題は，民法上，商法上の契約と労働法上の契約とで，事情変更の法理の適用に差異があるのかという点です。

　「いずれも同じであり特段の差異はない」という考え方もありますし，他方，労働者保護の理念からすれば（そのために労働基準法や労働組合法などの特別法が用意されています），労働者の不利益になるように事情変更の法理を適用するには，より一層慎重でなければならず，「労働契約と民法上，商法上の契約とでは適用に差異がある」という考え方もあります（適用を否定した**ニチバン事件**〔東京地決昭54.6.7労判322号27頁〕をどう読むか，後者の考え方とみるのかについても考え方はさまざまです）。

いずれにしろ，民法上，商法上ですらも例外である事情変更の法理が，労働法上適用される場面はそう多くはない，むしろまずないと思われます。

6 就業規則の不利益変更と事情変更との関係

今まで述べてきたことは，組合と会社もしくは個人と会社間で協定や契約があることを前提に，それを事情変更の法理により変更（破棄）するという場面でしたから，民法上，商法上の契約における場合と比較しやすかったわけです。

しかし，労働法上は，使用者が制定する就業規則を労働者の不利益に変更するといういわゆる「就業規則の不利益変更」に関する問題があり，このことをめぐって，最高裁が最近に至るまで数多くの重要判例を出していることはご承知だと思います（**みちのく銀行事件**〔最一小判平12.9.7労判787号6頁〕，**羽後銀行〔北都銀行〕事件**〔最三小判平12.9.12労判788号23頁〕，**函館信用金庫事件**〔最二小判平12.9.22労判788号17頁〕など）。

この就業規則の不利益変更問題については，労働者が被る不利益の程度，会社が変更を行う必要性，変更の内容，労働組合との交渉対応，他の会社の実情，代償措置など判例が示したいくつかの要素がありますが，この就業規則の不利益変更は「事情変更の法理」が適用される場面なのでしょうか。というのは，就業規則が職場の統一的，画一的労働条件を定めているとして労働契約の内容となり，就業規則を変更するとは，会社と労働者との労働契約をその後の事情で変更することですから，事情変更の法理の適用そのものではないかともいえるからです。

しかしながら，実際には就業規則の不利益変更問題はそれ自体を論点とする判例理論で対処しているようであり，これまで述べてき

た一般的な事情変更の法理を適用して議論しているのではないようです。これは、事情変更の法理についてはその要件が具体的な基準とまではいえず、むしろ不利益変更をめぐって判例がこれまで示してきた要素を具体的に論じたほうがよりきめの細かい議論ができるからということなのかもしれません。

第3節 「努力義務規定と私法上の効力」

1 テーマ

練馬交通事件（東京地判平16.12.27労判888号5頁）を題材に、「努力義務規定」の解釈と「私法上の効力」について述べてみます。

労働法に限らず、法律の条文には「……してはならない」「……しなければならない」「……しないように努めなければならない」といった文言が出てきます。さて、この文言はいかなる意味や効力を持つのでしょうか。違いはどのようなものなのでしょうか。

例えば、「……してはならない」旨の条文に反して「……をした場合」にどのようなことになるのか、（私法上も無効となるのか）ということです。

練馬交通事件でいえば、労働基準法136条は「使用者は……有給休暇を取得した労働者に対して、賃金の減額その他不利益な取扱いをしないようにしなければならない」と規定していますが、それに反して、使用者が賃金の減額等を行った場合、直ちに私法上も無効とされるのかという問題です。

2 原告の主張（公序良俗違反による無効）

当該会社においては、年次有給休暇を月に1回取得した場合、皆

勤手当5500円全額と安全服務手当のうち4500円計10000円，2回以上取得した場合はさらに安全服務手当4500円を不支給としていたようです。原告はこれは，年次有給休暇の取得（年次有給休暇権の行使）を理由とする賃金の減額にほかならないとして，労働基準法39条および136条に違反し，民法90条によって公序良俗違反として無効になると主張し，その減額分の支払いを求めたわけです。

原告は「年休権は，憲法25条1項で保障される健康で文化的な最低限度の生活を営む権利を労働基準法39条において労働者の権利として具体化したものであり，その行使を理由として労働者に対する不利益取扱いがなされてはならない。同法136条はこの当然の事理を使用者の注意喚起のために訓示規定として定めたものであり，これに反する不利益取扱いは公序に反し，民法90条により私法上無効となる」として，労働基準法136条の「賃金の減額その他不利益な取扱いをしないようにしなければならない」との規定は民法90条を介して私法上も無効とする旨の規定である旨を主張し，そして「以上によれば，本件減額は原告らの年休権行使を抑制し，ひいては労働基準法が労働者に年休権を保障した趣旨を実質的に失わせるものであるから，同法39条，136条に違反し，民法90条により私法上無効である」と主張しました。

3　裁判所の判断と私法上の効力

これに対して，裁判所はどのように判断したのでしょうか。

「労働基準法136条によれば，使用者が労働者の年休権行使を何らかの経済的不利益と結びつける措置をとることは，その経営上の合理性を是認することができる場合であってもできるだけ避けるべきであるが，同条はそれ自体としては使用者の努力義務を定めたものであって，労働者の年休権行使を理由とする不利益取扱いの私法上

第13章　その他実体法上の用語

の効果を否定するまでの効力を有するものとは解されない。また，上記のような措置は，年休権を保障した同条39条の精神に沿わない面を有することは否定できないが，その効力については，その趣旨，目的，労働者が失う経済的利益の程度，年休権行使に対する事実上の抑止力の強弱等諸般の事情を総合して，年休権行使を抑制し，ひいては同法が労働者に同権利を保障した趣旨を実質的に失わせるものと認められるものでない限り，公序に反して無効とすることはできないと解するのが相当である（最高裁平成5年6月25日第2小法廷判決・民集47巻6号4585頁）。」としています。

つまり，労働基準法136条の規定は使用者の努力義務を定めたものであり，その違反について，即，不利益取扱いにかかる私法上の効果を否定するまでの効力はないというのです。

従って使用者がこのような不利益措置をとらないように努めること（判決では「できるだけ避けるべきである」としています）と，実際に不利益措置をとった場合の効力は別だということになります。

次に，どういう不利益措置をとった場合に私法上も無効になるかということになりますが，判決ではその基準について「その趣旨，目的，労働者が失う経済的利益の程度，年休権行使に対する事実上の抑止力の強弱等諸般の事情を総合して，年休権行使を抑制し，ひいては同法が労働者に同権利を保障した趣旨を実質的に失わせるものと認められる」かどうかで決定されるとしています。したがって，上記「労働者に同権利を保障した趣旨を実質的に失わせるもの」かどうかを個別的，具体的に検証することになります。

この点について判決は「本件減額は，被告がタクシー事業者であり専ら営業収入により利益を上げていることや，交番表作成後の代替要員確保が困難であり，仮に確保できたとしても当該代替要員の

231

乗務が予定されていた別の出番が休車になってしまうという事情から、車両の効率的な運行確保のために乗務員の11番完全乗務を奨励する目的で行われているものであり、原告ら乗務員の年休権行使を一般的に抑制しようとする趣旨・目的があるとは認められない。」「本件減額によって被告の乗務員の年休権行使が一般的に強く抑制されているものとは認められない。」などとして、「以上を総合すると、結局、本件減額は、これについて見る限り、労働基準法39条及び136条の趣旨からみて望ましいものではないとしても、原告らの同法上の年休権行使を抑制し、ひいては同法が労働者に上記権利を保障した趣旨を実質的に失わせるものとまでは認められないから、公序に反し無効であるということはできない。」と結論づけています。

逆にいえば、別の具体的事案において「減額の趣旨・目的」が年休権行使を一般的に抑制しようとするものであったり、「経済的不利益の程度」が著しいものであったり、「年休権行使に対する事実上の抑止力」が大であったりすれば、逆の結論（私法上も無効）になることもあり得るということになるわけです。

労働基準法136条について本件のような考え方は、本判決でも引用されている**沼津交通事件**の最高裁判決（最二小判平5.6.25労判636号11頁）で定立されたもので、それ以降この判断基準に従って判決がなされています。

なお、歩合制の場合、年休を取得すればするほど売上げが下がり、その結果月額賃金も減少しますが、これは歩合給という賃金の定め方そのものの問題であって、労働基準法136条あるいは年休権の不利益取扱いの問題ではありません。

4　行政法規と私法上の効力との関係

このように、ある行政法規に違反したからといって、それが直ち

に私法上の無効に結びつくというわけではないことに注意をしておく必要があります。本件でいえば,「できるだけ避けるべきである」「望ましくない」としても,直ちに私法上も無効となるわけではないのです。つまり,行政法規の趣旨・目的・効力と私法の目的・効力が異なる以上,単純に結びつけるわけにはいかないということなのです。

特に「……するように努めなければならない」あるいは「……しないように努めなければならない」というような,いわゆる努力義務を定めた規定については,努力義務違反があったとしても私法上の無効までは召致しないのが普通です。

この点について例えば,男女間の差別をめぐる事件においても同様の判示がなされています。男女雇用機会均等法の施行前の男女別コース制人事制度について公序良俗違反とはいえない(違法とはいえない)とした事例(**日本鉄鋼連盟事件**・東京地判昭61.12.4労判486号28頁)や同法施行後であっても,平成11年の男女雇用機会均等法改正施行後は禁止規範(法的義務)となったので違法になるが,改正前はいまだ禁止規範ではないから公序良俗に反せず違法ではないとした事例(**野村證券〔男女差別〕事件**・東京地判平14.2.20労判822号13頁)などがあります。

第4節 「時効」「時効による権利の消滅」「時効の中断」「除斥期間」

1 テーマ

今回は時効がテーマです。

労判799号23頁の**奈良県立医科大学事件**(大阪地判平12.10.11)で

は次のように判示されています（具体的には，同判決39頁の「争点5（時効）について」と題される判示部分です）。

「これらの行為による損害賠償請求権は，それぞれ，その行為のときから進行するものである。そこで，原告の本訴請求にかかる慰謝料請求権は，被告らの時効援用により，本訴提起の3年以前のもの，すなわち前記認定事実のうち，……による損害については，既に，時効により消滅したものである。」

これをみると分かるように，一定の権利（**奈良県立医科大学事件**では慰謝料請求権）が，一定の期間を経過することによって請求できなくなる（消滅してしまう）ことを意味しています。

2 時効とは

1の具体例で記載されている「時効」について説明をします。時効という制度は労働事件に特有のものではなく，民法や商法といった一般的な私法の世界でもよく使われる言葉です。

時効という制度は，一定の事実や状態が続いていた場合にその状態が真実の権利関係に基づくものであるかどうかを問わず，そのまま一定の権利関係として認めようという仕組みです。

ですから，時効には，
① 一定の権利が存在しているような状態を認めて権利者とみなそうという場合（これを「取得時効」といいます）
② 一定の権利が行使されないで継続してきた状態を認めて権利の消滅とみなそうという場合（これを「消滅時効」といいます）
の2つのパターンがでてきます。

民法や商法の世界では，①の取得時効を論じることも多いのですが，労働法の世界では取得時効を論ずることはほとんどなく，二つ目のパターンである消滅時効をめぐる問題がほとんどです。先の判

例もこの例です。

　時効制度が何ゆえに存在するかという問題は論者によってさまざまですが、ここでは簡単に「一定の事実が継続したということは、真実の権利を反映していることが多いだろうし、仮に、真実かどうかは不明であったにしても、ずっと継続しているという事実は保護すべきである。そして事件の処理もそれに沿って行うべきであるという社会的要請もある」ということにしておきます。

　この制度趣旨から一定期間の事実の継続（消滅時効の場合でいえば権利が行使されない状態）によって、権利の消滅（請求できなくなる）という効果が生じますが、債務者本人が消滅時効の利益を必ず受けなければならないという義務は別にありません。したがって、一定期間権利が行使されなかったとしても、権利の消滅を主張するのは潔くないとして権利の行使を認めるということは自由です。また、消滅時効の援用をするのも、債務者の自由ということになります。

　また、債権者は、**4**で述べるような、一定の事実状態（消滅時効の場合は権利の不行使）を妨げる時効の中断という行為をすることもできます。

3　時効期間

　今まで述べてきたように「一定の事実状態を保護する」ということに時効制度の目的があるとすれば、一定の事実状態とはどのくらいの期間でしょうか。

　消滅時効について考えてみます。民法上の債権債務関係でいえば、原則として権利の不行使が10年継続することによりその権利は消滅し、商法上の債権債務関係でいえば、権利の不行使が5年継続することによりその権利は消滅します。

これに対して，労働法関係では特別な規定が定められており，労働基準法の規定による賃金・災害補償その他の請求権は2年間，退職金請求権は5年間行わないことによって時効により消滅するとされています（労働基準法115条）。

4　時効の中断

　先ほど，時効の利益を放棄するかどうか，すなわち，時効の主張をするしないは債務者の自由であるり，また，債権者は，消滅時効を完成させないために（時効となって権利が消滅するという事態を避けるために），時効を中断させるような手続きを採ることもできるといいました。

　この，それまでの時効期間の経過を無意味にする（なかったことにする）手続きを「時効の中断」と呼びます。時効が中断すれば，それまでの時効期間の経過は白紙に戻り，中断事由が終了するとともに改めて時効が進行することになります（民法157条）。

　中断事由について典型的な例を挙げれば，相手方の権利を承認するということです。例えば，従業員であるAさんに対する未払賃金が50万円あることを会社が認めたり，奈良県立医科大学の例を使えば，そこでいう慰謝料債務が30万円あることを学園が認めたりする行為です。

　このような「承認」をするということは，債権者の権利の存在のみならず，債権者から権利が行使されたことをも認めたことになりますから，権利の不行使という一定の事実状態を打ち破ったことになるわけです。

　また，裁判の提起や仮差押え・仮処分といった行為も，当然，時効の中断事由となります。

5 時効の起算点

　時効の起算点とは，消滅時効でいえば，いつから権利が行使されていない状態（一定の事実状態の存続）とみるか，つまり，いつから時効がスタートするかということです。それは権利の行使が可能な時点であり（現実に権利を行使した時点ではありません），これが消滅時効起算の開始日となります。また，この起算日は客観的に決まるもので，権利者が権利を行使できるかどうかを知ることは要件とされていません。つまり，権利の行使ができることを知らなかったといっても時効の進行には影響しないのです。

① 　賃金債権を例にとれば，賃金発生日（賃金請求権の行使可能な日）ということになります。仮に，正しい算定をしていれば未払賃金や差額賃金が存在したとすれば，その本来の賃金支払時期に未払いがあったことになりますから，その時点（正確にいえば賃金支払日の翌日）が起算日ということになります。未払いや差額が発生することを知らなかったといっても，時効の起算点には関係しないことになります。

② 　慰謝料請求権を例にとれば，不法行為による損害賠償請求権は被害者が損害および加害者を知ったときから3年が消滅時効と定められていますので（民法724条），被害者が損害または加害者を知ったときのどちらかの遅い時点が消滅時効の起算点となります。交通事故のように加害者が不明だったり，なかなか分からないという場合を除けば，不法行為の多くは加害行為がなされたときに加害者も損害も分かるのが通常ですので，加害行為がなされたときが起算点となるのが普通です。ただし，損害が後日発生するものであったり，損害が発生しつづけている場合には例外となると思われます。

6 除斥期間と時効の違い

　消滅時効に似た制度として，除斥期間（じょせききかん）というものがあります。消滅時効と同じように，一定の時間の経過により，権利が消滅したことを認める制度です。

　しかし，消滅時効と異なるのは，時効の中断という概念がなく，起算点を（権利が行使できる時点ではなく）権利が発生した時点とするということです。また，除斥期間は当事者が援用するか否かに関係なく認められる点でも時効制度と異なります。

　例えば，民法724条は「不法行為による損害賠償の請求権は被害者又はその法定代理人が損害及び加害者を知った時から3年間行使しないときは時効によって消滅する」と前段で規定し，後段では「不法行為の時から20年を経過したときも同様とする」と規定しています。

　前段の3年というのは，先ほど述べたように消滅時効を定めたもので，後段の20年というのは除斥期間を定めたものとされています（**国家賠償請求事件・最一小判平元.12.21民集43巻12号2209頁**）。

　したがって，不法行為がなされたときから20年経過した場合には，もはやその損害賠償請求権を行使することはできないということになるわけです。一般的にいえば，民法724条のように，長い期間と短い期間が併せて規定されている場合には，長い期間のほうを除斥期間と解するといってもよいでしょう。

第5節 「不当利得と返還請求」

1 テーマ

労働法上での「不当利得」と「返還義務」について述べます。

2 不当利得とは何か

不当利得というのは，労働法上の用語というわけではありません。民法上の条文に根拠のある用語であり，民事，商事，労働などの分野で幅広く使われています。

民法703条は，法律上の原因なく他人の財産または労務によって利益を受け，そのために他人に損失を及ぼした者は，その利益の存する限度において，これを返還する義務を負うと定めています。

この条文から分かるように，不当利得とは法律上の原因（根拠）がないのに利得をしたとすれば本来利益を得る人がその分だけ損失を被ったということになるからその利益を返還すべきである，という制度です。

したがって，悪いことをして利益を得た人に対するペナルティーということを目的とした制度ではなく（そういう場合もあるかもしれませんが），要するに法律上の根拠がなく金銭等が移転した場合に本来のあるべき姿に戻すという仕組みです。そして，この制度により「不当利得返還請求権」という債権を発生させることになります。

ですから，不当利得にはさまざまな形態があることになります。民法は，不当利得について善意（これは一般的な用語としての「善意」ということではなく，不当利得となることを知らなかったという意味で使用されています。法律の世界での「善意」「悪意」という

のはこのような使い方が大半です）であるか，悪意（不当利得となることを知っていて利得したという意味）であるかによって，返還すべき範囲を区別していますから，その２種類は区別して論じなければなりません。

3　不当利得が成立するためには

2で述べた不当利得が成立するためには次の四つの要件が必要となります。
① 　ある人が他人の財産または労務によって利益を受けたかどうか
② 　他人に損失を与えたかどうか
③ 　①と②の間に相当因果関係があるかどうか
④ 　①の利益が法律上の原因を欠いているかどうか

そして，2で述べた善意の受益者については，利益が存する限度においてその利益を返還する義務を負うと定められています（民法703条）。一方，悪意の受益者については，利益の存する限度にとどまらず，受けた利益プラス利息を返還しなければならず，なお損害があればそれも賠償しなければなりません（民法704条）。

そうすると，不当利得となることを知っていたかどうか，また，利益の存する限度とはどのような場合をいうのか，ということが問題になります。

後者では，例えば金銭を利得したがそのお金はすでに使ってしまった場合に利益が存在しているといえるのか，使った目的によって異なるのか，といった点が論点となるでしょう。ただし，金銭であれなんであれ，利益を得た以上それが残っていると推定されるので，現存する利益がないという側に立証責任があります。

4 判例での不当利得問題

　今まで述べてきたような不当利得の話がどのような形で、特に労働法上で問題となるのでしょうか。

　労判804号81頁の**ザ・スポーツコネクション事件**（東京地判平12.8.7）を例に挙げてみます。

　会社が、公休日に出勤した従業員について2年以内に振替休日を取得する制度であったところ、2か月以内に取得すると改定し、改定日以前の未取得分につき、係長以下の従業員には6か月以内の取得を認めたのに対し課長代理以上の役職者には一切認めなかったことから、課長であった原告が、公休日に出勤し、かつ、振替休日を取得しないままになっていた日数（133日）について、その133日分の賃金に相当する利得を会社が不当に得たとして、その不当利得を求めている事案です。また、この不当利得は悪意の受益であると主張しています（同事件の第2の請求部分）。

　原告は次のように主張しています。

　「原告は、自分が公休日に出勤していまだ振替休日を取得していない公休日について振替休日を取得する権利を有していたが、仮に本件公休日出勤の取扱いの変更が有効であるとすれば、法律上の原因がないのに原告は右の権利を喪失するとともに、被告は原告に振替休日を与える地位を免れるという利得を得たことになる。被告は、本件公休日出勤の取扱いの変更を行う際にこのような損失と利益が発生することを知悉していたから、被告による右の不当利得は悪意による利得である。」

　一方、被告は次のように主張しています。

　「本件公休日出勤の取扱いの変更が有効であるとすれば、被告には原告の主張に係る利得をする法律上の原因があることになり、ま

た。本件公休日出勤の取扱いの変更が有効であるにもかかわらず、被告には原告に振替休日を与える義務や振替休日の買取義務はないから、原告が損失を被り、被告が利得したとする原告の主張は、その前提を欠いており、失当である。」

これに対して、裁判所がどのように判断したかといえば、「本件公休日出勤の取扱いの変更のうち、課長代理の役職以上の者には平成10年12月15日までに公休日に出勤していまだ振替休日を取得していない分について同月16日から6か月以内の振替休日の取得を認めないとした部分は、無効であり……6か月以内の振替休日の取得を認めるべきであった……取扱いの変更を従業員に通知した平成10年12月16日の時点において、原告が同月15日公休日に出勤することによって原告から提供を受けた労務について振替休日を取得させず、また、その対価としての割増賃金の支払もしないこととしたというべきであり、……被告は右の時点において原告から提供された労務を不当に利得したものと認められ、被告はその利得を返還する義務を負う」としました。

そして、133日の労働について不当利得が発生していると認め、その利得を金銭に評価すれば、1日当たりの基本給15,082円×133日の2,005,906円を不当利得の金額と認定しています。また、「被告は原告から提供された労務を不当に利得する際に悪意であったというべきである」として、その全額についての返還義務および年5分の割合による利息の支払義務を認めました。

5 その他の問題

このように、不当利得では法律上の原因がないのに利得したかどうかが問題となりますが、法律上の原因がない場合とは、いったんは法律上の発生原因があってもそれが後日取り消されたり、無効と

される場合も含まれます（後日何らかの理由で法律関係が解消されれば，その法律関係に基づいた財務の移転は原因がなかったことになります）。

この点を判示した例として**山一證券破産管財人事件**（東京地判平13.2.27労判804号33頁）があります。

そこでは，「金銭消費貸借契約に基づき金銭の貸付けを受けた借主は，金銭消費貸借契約が取り消され又は無効である場合には，貸主に対し不当利得返還債務を負うことになるが，貸主が金銭消費貸借契約に基づいて借主に交付したのが金銭である以上，借主が利得したのは金銭であるというべきである。」として，このことを認めています。

この応用編が，解雇された労働者からの賃金仮払請求の仮処分が認められて会社が仮払いをしたが，本案事件では労働者の請求が認められなかった場合や同じく仮処分が後日取り消された場合です。この場合にも法律上の原因なくして利得があったとされ，不当利得返還の問題が発生することになるわけです。

第6節　「名誉毀損」「不法行為責任」

1　テーマ

名誉毀損と不法行為，損害賠償というのがテーマです。某公団の某総裁（元総裁というべきでしょうか）が，某政党の首脳や某閣僚が街頭演説等で本人を「うそつき」等と発言したことが名誉毀損であるとして，発言者を相手として損害賠償等の裁判を起こしたと報道されました。この例では，「うそつき」という発言が名誉毀損になるのかという問題になります。

また、最近はこのような名誉毀損にかかる紛争が多くなってきたこと、特に損害賠償金額の高額化ということがいわれています。そこで、名誉毀損とはどのような行為なのか、どのようなことが裁判では争点となるのか等を検討してみます。

2　名誉毀損とは

　名誉毀損に関する条文は、民法と刑法にあります。民法710条は、「他人の身体、自由若しくは名誉を侵害した場合又は他人の財産権を侵害した場合のいずれであるかを問わず、前条の規定により損害賠償の責任を負う者は、財産以外の損害に対しても、その賠償をしなければならない。」と規定し、名誉毀損の特則として、民法723条は、「他人の名誉を毀損した者に対しては裁判所は被害者の請求により損害賠償に代えて、又は損害賠償とともに名誉を回復するに適当なる処分を命ずることができる」と規定しています。

　刑法230条は、「公然と事実を摘示し、人の名誉を毀損した者は、その事実の有無にかかわらず、3年以下の懲役若しくは禁錮又は50万円以下の罰金に処する」と規定しています（1項）。ただし、この特例として同230条の2第1項は、「前条第1項の行為が公共の利害に関する事実に係り、かつ、その目的が専ら公益を図ることにあったと認める場合には、事実の真否を判断し、真実であることの証明があったときは、これを罰しない」と定めています。

　したがって、民法上でも刑法上でもまず問題になるのが、ここでいう「名誉」とはいかなるものをいうのかです。

　名誉とは「人がその品性、徳行、名声、信用等の人格的価値について社会から受ける客観的な評価、すなわち社会的名誉を指す」とされ（最二小判昭45.12.18民集24巻13号2151頁）、名誉を毀損するとは、人に対する社会的評価を低下させる行為とされています。

ですから、人に対する社会的評価を低下させる行為でなければ（単に主観的な名誉感情を侵害するにすぎない行為等）名誉毀損には当たらないことになります。だからといってこれらの行為は違法ではないと短絡的にはいえません。人の感情、プライバシー等の侵害として不法行為責任（損害賠償責任）を負うことがあり得るのです。

不法行為法上では権利侵害の「権利」は厳格な法的権利でなくてもよいとされていますので、名誉毀損とは何かを法的に厳密に論ずる意味はあまりないかもしれません。しかし、民法723条の特例は名誉毀損のみの特例ですし、後述する違法性阻却要件をめぐってはやはり名誉毀損を議論する意味はあるのです。

民法の条文ではこれしか定められていませんが、判例では、他人の名誉を毀損する場合でも、公表された事実が真実であるときは違法性を欠くとして損害賠償責任を否定しています。つまり、刑法230条の2の要件を民法でも読み込んで解釈されています（最一小判昭41.6.23民集20巻5号1118頁）。

さらに、判例はこれを一歩進めて、摘示された「事実が真実であることが証明されなくても、その行為者においてその事実を真実と信ずるについて相当の理由があるときには、右行為には故意もしくは過失がなく、結局、不法行為は成立しない」としています（前記最〔一小〕判）。したがって、裁判で争点となるのは、まず名誉毀損に該当するか、該当した場合には前記例外としての違法性が阻却されるか、さらに違法性が阻却されない場合でも上記「相当の理由」があり、故意または過失が否定されるか等となるわけです。

3 民事事件での具体例

名誉毀損と不法行為責任について具体的な判示を見てみます。まず、民事事件です。

甲社（2ちゃんねる書込み）事件（東京地判平14.9.2労判834号86頁）では「被告丁が，インターネット上に本件書き込みを行った結果，原告らの名誉，信用等について社会から受ける客観的評価が低下したことは明らかであり，原告会社の信用及び名誉並びに原告乙及び同丙の名誉が毀損されたと認められ，被告丁の前記行為は，不法行為に当たる」，「名誉毀損の不法行為は，問題とされる表現が，人の品性，徳行，名声，信用等の人格的価値について社会から受ける客観的評価を低下させるものであれば，当該行為が公共の利害に関する事実に係り，専ら公益を図る目的に出た場合において，摘示された事実が真実であると証明されるか，その事実が真実であると信じるについて相当な理由があるなどの事由が主張立証されない限り，仮にその表現が名誉毀損目的で行われたものでなかったとしても違法性を欠くものとはいえず名誉毀損の不法行為の成立を妨げるものではない」，「以上本件に現れた全事情を総合考慮すると，原告会社が本件によって被った損害を100万円，原告乙及び同丙の被った損害を各30万円と認めるのが相当である」と判示しています。

これは，名誉毀損にかかる損害賠償請求についての典型的な判示といえます。

4　労働事件における事例

労働事件では，従業員や元従業員の行為を第三者に知らせたというような行為が名誉毀損に当たるか，使用者の非違行為を公表したことが名誉毀損に当たるか，最近ではいわゆる内部告発が名誉毀損に当たるか等という問題が争われたケースが多く見られます。

使用者が取引先に解雇や解雇までの経緯を知らせたことが不法行為となるか争われた事例（**東京貸物社〔解雇〕事件**・東京地判平12.11.10労判807号69頁）では，「本件解雇及び懲戒処分が有効であるか

らといって，被告が右事実を各取引先に文書で通知したことも直ちに不法行為に当たらないということはできない。たとえ真実であっても公然に事実を摘示してもって名誉を毀損する行為は不法行為に当たるから，被告の文書の送付が右に当たるかどうか別途検討しなければならない」．右の通知文書は，原告の行為そのものについては「不都合な事情」と記載するにとどまり，具体的な事実を摘示していないが，「解雇されたものと理解するのは容易に推認できるところである。そうだとすれば，原告は，このような文書を送付されることによって，名誉を毀損され，社会的に信用を失い，広告代理店業やイベント設営業を行う会社へ再就職したり，独立して営業を行うのが困難になることもまた，容易に推認できる」，「右のような文書の送付はことさら原告の名誉を毀損する意図で行われたものと解せられるのであって，被告の右文書の送付は不法行為に当たるというべきである。右に述べたような原告の被る不利益及び……事情を総合的に考慮すれば，被告が原告に対して賠償すべき慰謝料としては30万円が相当と認められる」と判示しています。

　使用者の行為に不正等があったとして，従業員，組合員，組合がこれを公表することに関する判例は数多くありますが，争われ方には二つのパターンがあるようです。

　一つは従業員が行ったそれらの行為が懲戒事由に当たるとして使用者が懲戒処分をし，その効力が争われるケース，もう一つはそれらの行為自体が名誉毀損であるとして損害賠償を使用者（ないしは当該対象者）が求め，その成否が争われるケースです。後者の場合は本件テーマの問題となりますが，限界的で判断が微妙なケースも多いのです。

　例えば，**群英学園（名誉毀損）事件**では，不正経理追及，学園理事長らの辞任要求，それらのマスコミ公表につき，一審（前橋地判

平12.1.13労判799号45頁）は，意見の陳述という域をはるかに超え，マスコミへの公表などをちらつかせて辞任を強要したものであり，違法なものとして損害賠償責任を認めました。しかし，二審（東京高判平12.8.7労判799号40頁）は，不正経理があったものと信ずるにつき相当の根拠があった，本件事実の公表は公共の利害に関する事実について公益目的から行われたものであるから名誉毀損行為として不法行為を構成するものではない，その他の行為も不法行為を構成するものではない，として損害賠償責任を否定しています。

第 7 節　「懲罰的損害賠償」

1　テーマ

　懲罰的損害賠償という言葉を聞いたことはありますか？

　最近，名誉毀損に対する損害賠償額が低額すぎる，加害者に対してなんの歯止めにもならず，実際の抑止効果がないといった批判が高まってきており，名誉毀損等に対する損害賠償額の高額化を図るべきであるという主張が出てきており賛成者もふえています。実際に高額の（1,000万円程度の）損害賠償を命じた判例も出てきています。

　この損害賠償額の高額化の背景には，一種の制裁的な効果を狙ったもので，もしかしたら，懲罰的な損害賠償も必要であるという考え方があるのかもしれません。そこで現在の私法制度上で「懲罰的損害賠償」という概念が認められるのか，というのが今回のテーマです。

2　現在の制度での損害賠償

　現在の法制度において、損害賠償（制度）とは、不法行為や債務不履行といった事由により相手方に損害が発生した場合に、その損害を塡補する制度です。
　つまり、損害を塡補することによって損害がなかった状態に回復するというわけですが、この損害の塡補（賠償）は、原則として金銭で行うことになります。したがって、損害賠償を議論する場合には、相手方が被った損害の金銭的評価をしなければならないことになります。
　注意しなければならないのは、違法な行為によって何らかの権利侵害がなされ、それが加害者の故意過失によってなされたとしても、そのような権利侵害が発生したことと損害が発生したこととは全く別の評価であるということです。
　ですから、権利侵害があったとしても損害が発生していないということも理論上はあり得るということになります。

3　損害の内容

　以上述べてきたように、損害賠償制度では、損害を金銭的に評価するわけですが、損害の内訳には積極損害、消極損害、その他の損害があるといわれます。
　交通事故にあって相手方に損害賠償を求めるというごく一般的な例を考えていただければ分かると思います。交通事故にあって病院に行き、そこでかかった費用、入院した費用、付き添いの費用、家屋改造費用、器具購入費用といったいわゆる積極損害といわれる部分のほか、交通事故によって現実に収入がダウンした場合の損害塡補部分や後遺症等による労働能力低下に伴う逸失利益の塡補部分

（死亡した場合も同様です）といったいわゆる消極損害といわれる部分があります。

そのほかに、精神的な慰謝を目的とするいわゆる慰謝料といったものが損害の内容（内訳）となるのです。

そこで、問題となるのが、相手の行為が悪質であった場合、相手に対する制裁効果を目的として、そのことゆえに賠償額を高額にすることができるのかということであり、これが今回のテーマの懲罰的損害賠償ということになります。

懲罰的損害賠償を唱える人の間でも考え方はさまざまで、積極損害や消極損害は同じように算定し、慰謝料部分のみを高額にするという考え方から、例えば一律に上記基準で算定した損害合計額を2倍にするといった考え方まであります。

はたしてこのような考え方が損害賠償論として認められるのでしょうか。

4　具体的な判例

交通事故のような典型的な事案ではないにしても、労働事件の場合においてもこのような懲罰的損害賠償を求めるというケースがあり得ます。

例えば、不当労働行為を繰り返すことを理由としてそのような悪質な行為に対する制裁であるといった根拠から懲罰的損害賠償を求めるというわけです。

ただ、労働事件でいえば、そもそも損害なるものの評価が難しいことが多いのです。不当労働行為があった、あるいは団結権侵害行為があったからといって、労働組合ないしは組合員に具体的にいくらの損害が発生しているのかといえば算定はなかなか困難でしょう。

そこで，労働事件の場合は個々具体的な積極損害や消極損害ではなく，一種の期待権の侵害であるとか，人格権の侵害であるとかという抽象的な権利侵害を主張し，そこから発生するいわゆる無形損害を主張することが多くみられます。たぶんこのように構成するほかはないからなのでしょう。

　労判812号39頁のサンデン交通（貸切乗務外し）事件（山口地下関支判平13.5.9）では，原告らが被告による差別措置によって，団結権侵害，期待権侵害，人格権侵害等を受け，その被った損害は「いわゆる無形損害であり，この損害賠償内容は，無形の精神的損害に対する補償的賠償と，労働法上の無形の法益の損害に対する民事懲罰的賠償の双方を含むものである」と主張しています。

　これに対して，裁判所は，「原告らは，本訴において請求する損害賠償について，民事懲罰的賠償を含むと主張するが，右懲罰的損害賠償は，安価な賠償金を支払ってもそれに見合う以上の利益を見込んだ不法行為を防止する上で極めて有効な法的措置と認められ，かつ，本件措置については，そのような性質を有する不法行為であると考えられるけれども，これを認めることは，民事，刑事にとどまらず，全法体系と裁判所の役割に関する社会の根本秩序に関連する事柄であり，易々と踏み切れるものではない。当裁判所としては，今のところ，損害塡補を目的とするいわゆる伝統的不法行為論に立った上で，損害額算定上，相応の考慮をするにとどめるほかはない」としています。

　このように懲罰的損害賠償に好意的な論者でも，懲罰的損害賠償そのものを現行法下では認めていませんし，判例上正面から認められていないというのが実際です。

5 慰謝料を巡る諸問題

　精神的損害といわれてきたものは、具体的に積み上げて算出が可能な積極損害や消極損害と異なり、本来は金銭で換価しえないような損害ですが、損害論上はあえて金銭的評価をし、慰謝料と称して賠償の対象としてきたわけです。

　このように慰謝料の金額は一つのフィクションといってもよいものですから、単に精神的損害の填補であるにとどまらず、民事制裁的な要素を含むものとしてもよいはずであるという先の事件の原告側の主張もありえます。

　しかし、民事責任と刑事責任との分化の確立した現代法制のもとにおいては、制裁という概念は刑事責任に委ね、不法行為上の救済としては従来どおりの損害の填補を目的とするものに限定せざるをえないという見解が通説で、判例上もそのように解釈されています。

　ただし、最近は慰謝料の算定がフレキシブルなものであることを受けて、慰謝料の機能の変質ということが出てきているように思われます。

　サンデン交通事件でも明らかなように、法人や組織については精神的慰謝という概念が本来はありませんから、伝統的にいえば、「慰謝料」なる項目は認められるはずはないのに、無形損害などと称して、潜在的・抽象的な損害についての賠償を認める傾向も出てきました。

　あるいは、じん肺罹患に関わる損害賠償請求や公害事件に関わる損害賠償請求などの生命・身体の損害についての賠償請求訴訟において、積極損害も逸失利益などの消極損害も精神的苦痛その他の損害もすべてを「慰謝料」という項目（名目）一つで請求する傾向です。これは、包括一律請求などと称される実務上の方法です。従来

の伝統的概念からすれば認められないともいえますが，判例はこのような方法による請求も許容しています。

　このことは，精神的損害の賠償を意味するものであった「慰謝料」概念が，変化してきたことを物語っているといっても過言ではないと思います。

　このように，慰謝料の算定に当たって制裁とか懲罰とはいわないが，特段の事情として行為の悪質さとか過失の大きいことなどを考慮するということは，実際に現在でも行われているといえます。ただし，これは一般の民事事件等においてのことであり，労働事件においてもこのようなことがいえるかどうかはいまだ確定的ではありません。

[労判 Selection] は，産労総合研究所が発行する判例実務誌『労働判例』（通称「労判」，年間購読制）でわかりやすいと好評だった連載等をまとめ，単行本としてシリーズ化したものです。労働事件の裁判例に初めて接する方や企業労使の実務担当者の方々を主な読者対象としています。

　『労働判例』　http://www.e-sanro.net/sri/books/roudouhanrei/index.html

【著者紹介】

八代　徹也（やしろ・てつや）
弁護士
1953年東京生まれ。1978年早稲田大学法学部卒業。農林水産省入省。1979年同省退省。司法修習生となる。1981年弁護士登録。1987年飯野・八代法律事務所開設。現在（飯野・八代・堀口法律事務所）に至る。経営法曹会議常任幹事，新司法試験（労働法）考査委員（平成18年～20年）
著者は『これだけは知っておきたい就業規則の基礎知識と実務』（共著）（政経研究所，1992年），『人事部員のための法律実務』（政経研究所，1999年），『労働法実務ハンドブック』（共著）（中央経済社，2000年），『実務家のための労働判例の読み方・使い方』（経営書院，2010年），ほか多数

実務家のための
労働判例用語解説

2010年9月1日　第1版　第1刷発行　　　　定価はカバーに表示してあります。

著　者　八　代　徹　也

発行者　平　　盛　之

㈱産労総合研究所
発行所　出版部　経営書院

〒102-0093
東京都千代田区平河町2－4－7清瀬会館
電話　03(3237)1601　振替　00180－0－11361

落丁・乱丁はお取替えいたします。　　　印刷・製本　中和印刷株式会社
ISBN978-4-86326-078-8